ズルい恋愛心理術

メンタリズムで
相手の心を97%見抜く、操る！

You can see through 97%
of the opporment's mind
and manage it by
MENTALISM.

ロミオ・ロドリゲスJr. *Romeo Rodriguez Jr.*

SB Creative

はじめに

人は恋にのめり込んでいるとき、相手が自分のことをどう思っているのかが気になり、その心を自分に振り向かせたいと願っているものです。

「しぐさや表情で相手の心を読み取ることができたら……」
「意中の人の関心が自分に向くようにコントロールできたら……」
「煮え切らない相手に『イエス』と言わせられたら……」
「相手の『ノー』を『イエス』に変えることができたら……」

あなたがこのような願望をお持ちであれば、これらはすべてメンタリズムでかないます。
なぜなら、しぐさや表情から相手の心を読んだり嘘を見抜いたり、相手の心を意図した方向に操る心理術こそ、**メンタリズムの最強の「武器」**だからです。

メンタリズムとは、心理学をベースに、催眠術や読筋術（マッスル・リーディング）を組み合わせ、微表情を読み取り、マインドリーディングやマインドコントロール技術を使い、人の心を読み、操作をする学問です。

私は幼少の頃から「人の心を読むことに」「人の心をつかむこと」に興味を持ち、世界一のメンタリストと呼ばれていたマックス・メイビン氏に憧れ、メンタリズムを独学で学びました。

その後、香港生まれの私はカナダに渡り、カジノディーラーの仕事を得て、仕事柄、ギャング相手に生きるか死ぬかの心理戦を繰り返した経験もあります。カジノディーラーをしながら机上の論理ではなく、自分の経験をフィードバックしつつメンタリズムという学問を究めていったのです。

２００９年に活動の拠点を香港に移すまで、私はプロの「メンタリスト」として、日本のテレビ番組にも出演していました。相手の心を読み、暗示をかけ、コントロールする心理術をエンターテイメントとして披露していたわけです（本当は、日本のメンタリストとも勝負したいと思っているものの、相手が私の実力を見極めているせいなのか、なかなか勝負の機会がなく残念に思います）。

その後はご縁があって、世界の大学ランキングのトップ30に入る香港大学でメンタリズムの講師を務めていました。

ではここで、メンタリズムの一端を感じ取ってもらう簡単な実験をしましょう。

手近にあるもの、硬貨でも消しゴムでもなんでもいいので、手のひらにすっぽり納まるものを用意してください。

そして、今この瞬間、左右のどちらかの手で握ってみてください。

私がどちらに握っているかを当ててみましょう。用意はいいですか？　もう握りましたか？

「あなたはまさか、左手に握ってないですよね？」

いかがでしたか？　当たりましたよね。

実は、どちらの手で握っていようと私は正解だったはずです。

もし、右手で握っていたら「たしかに、左手に握っていない」と感じますし、左手に握っていたら「たしかに、左手に握っている」と感じたはずです。この表現自体が両義的な意味を持つからです。

これはメンタリストがよく使うテクニックのひとつで、**「メンタル・フォース」**と呼ばれるものです。

相手の心理を読んで、自由に選択させたと思わせながら、実はこちらが意図した筋書きどおりに話を進めていくのです。


また、こちらが意図したように話を運ぶには、こんなテクニックも有効です。

AとBという商品があり、オススメしたいのはBの商品だとします。お客相手には、

「AとB、どちらの商品もオススメですよ。お客様はどちらのほうにピンときましたか?」

そう言いながら、売りたいBの商品をAよりも一瞬相手に近づけます。すると、相手は「ピンとくる」というあいまいな感情に応えるのに、無意識のうちに一瞬動きのあったBに目が行きます。すると、80%の人が動きのあったほうの商品を選ぶという実験結果があるのです。

私たちの意思決定は、想像以上に他人の行動に釣られやすいのです。


ほかにも、街を歩いていて、なにげなく歌を口ずさむとき……自分の意思で歌っている

と思っても、実はほとんどが歩いている間にどこかから聞こえてきた歌を聞いて歌っているのです。

こうした**無意識を意図的に操るのがメンタリズムの神髄**です。

無意識は、意識の力を上回ります。無意識へのアプローチが成功すれば、相手を操作するのも難しくはありません。

もしも、あなたが意中の相手に振り向いてもらえないのだとしたら……。

パートナーとうまくいかないのだとしたら……。

別れても好きな人とヨリを戻せないのだとしたら……。

あなたには、相手を無意識のうちにコントロールして、操作するスキルが必要です。

これから本書を読み進めていけば、メンタリズムの価値に気づき、今まで恋愛がうまくいかなかったあなたも、どうすればうまくいくのか、そのヒントを見つけることができるでしょう。

ただし、くれぐれも悪用はしないようにお願いいたします。

ズルい恋愛心理術
Contents

Chapter 1
出会いで相手の心をつかむ、読み解く

Chapter 2

思い通りにならない相手を思いのままに操る

Chapter 3 メンタリズムで相手をもっと惹きつける

Chapter 4 相手をコントロールするよりも大切なこと

Chapter

1

出会いで
相手の心をつかむ、
読み解く

1 似たところ探しは宝探し、「コールドリーディング」で探す共通点

よく自分のいいところを相手に伝えようと、必死でブランディングをする人がいますが、これはやめたほうがいいでしょう。どんなに高級品に身を包み、女性であれば化粧でごまかし、猫を被ろうと、最終的に相手はあなたと一緒にいて「居心地がいいかどうか」でつき合いたいか否かを判断します。

では、この居心地のよさはどこから来るものでしょうか？

それは「共通点があるかどうか」です。

つまり、自分のいいところを伝えるよりも、**共通点を探したほうが相手との距離は縮まるのです。**

あなたもきっと、出身地が一緒であったり、出身校が一緒であったりする人と、いきなり話が盛り上がった経験があるのではないでしょうか？

ここで**「類似性の要因」**を証明する実験を紹介しましょう。趣味や嗜好、生活様式など

の似通った学生たちと、その逆の学生たちをバラバラに2つの教室に分け、そのあとの素行を調査したところ、最初は教室の中で傾向の違う学生たちが仲良くしたものの、半年が過ぎる頃には、別々の教室であるにもかかわらず、傾向が似通った同士が仲良くなったのです。まさに「類は友を呼ぶ」ということの確たる証拠となりました。

このようにお互いの壁を取り払い、距離感を縮めるなら、まずは共通点を探しましょう。共通点を探すには、相手に無意識のうちに自分を語らせ情報を引き出す**「コールドリーディング」で使う、まぐれ当たり**という話術を使用します。

たとえば相手の手先を見て、「指がきれいですね、ピアノか何かしてらっしゃいますか？」と聞きます。もし相手が本当にピアノを弾いているなら、「この人はよく私のことを見ている！」と感じ入り、すぐに話は弾むでしょう。

では、相手が「いえ、ピアノなんてやったことないです」と答えたら、どう返せばいいのでしょう。そのときは「指があまりにもきれいなので、てっきりやってらっしゃるのかと……でも何かされてますよね？」と聞けば、たいていは自分のことを話してくれます。**外れても情報を得ることができ、当たればよりスピーディーに相手との信頼を築く**ことができます。

2 異性を夢中にさせる最強の武器を身につけよう

異性を夢中にさせて、自分の思い通りにコントロールできれば最高ですよね。

そんなことが少し意識するだけで叶います。ここでは、即効性のある簡単な心理誘導の方法を紹介しましょう。きっと「えっ、そんなことで夢中になるの？」と思われるかもしれませんが、効果は絶大ですので、必ず取り入れてください。

実はなんてことのない、その方法とは**「笑顔」**です。

おもしろいデータを1つ紹介したいと思います。

アメリカのカリフォルニアの大学で行われた実験ですが、笑顔のない容姿端麗な女性と、容姿がそれほどでもない笑顔たっぷりの女性とで、どちらが好印象を受けるのかを調査したところ、81％の男性が笑顔のある、容姿がそれほどでもない女性を好印象としたのです。

そしてどちらと交際したいかと質問を変えたところ、なんと64％の男性が容姿の悪い女性とつき合いたいと言ったのです。この実験は、女性に対しても行われており、まったく同じ結果となっています。

これでおわかりのように、笑顔の威力は絶大なのです。

もうひとつ、アメリカのリカルド・ゴドイ博士が調査した結果も紹介しましょう。それは、経済的に裕福な人ほど、よく笑い、常に笑顔であるという事実です。

しかもその笑いは小さな笑いではなく、大きな笑いであればあるほどいいということがわかっています。つまり、常に笑顔でよく笑う人というのは、多くの人に幸せをもたらす人間であり、一緒にいて楽しいのです。

もしも、あなたがあまり笑わないのであれば、ぜひ笑って、常に笑顔でいる練習をしてみてください。それだけで多くの人からモテるようになるでしょう。「笑う門には福来たる」という言葉がありますが、昔から人々はすでにこの効果を知っていた、ということです。

○最強の武器となる「いい笑顔」とは

顔はイマイチでも、モテる人はいます。その共通した特徴は、やはり「笑顔」なのです。

イギリスでこんな実験がありました。40人の被験者にある人物のプロフィールを渡し、そのうち20人には笑顔の女性の写真、もう20人には無表情の女性の写真を見せました。書かれているプロフィールはどちらも一緒で、「あなたが企業の人事担当者だとして採用するなら、どちらの人を選びますか？」という問いかけをしたところ、笑顔の女性のプロフィールは１００％選ばれたのに対し、無表情のほうはわずか10％しか採用したいと言われなかったのです。

このことからもわかるように、**同じような能力でも、笑顔のある人のほうがより魅力的に、実力があるように見られる**ということです。これは**「首位効果」**といわれ、最初に受け取った印象で、感情や思考までも変わるということです。

では、いい笑顔とは、具体的にはどんな表情なのでしょう。

それは自然の笑顔です。人は心から笑みがこぼれると、必ず目元が緩み、目尻にシワがよります。**「目に力が入っていない」状態**になります。反対に、悪い笑顔は目に力が入ったままで、「目が笑っていない」状態になります。意識して笑顔をつくろうとしてぎこちなくなったり、よく「目が笑っていないね」などと人から指摘されたりする人は、目の力を抜くようにするといいでしょう。**目の力を抜くには、いったん目をギュッとつぶって開いてみる**といいでしょう。目の力が抜けて、自然な笑顔をつくりやすくなります。

笑顔は最強の武器、これはよく覚えておきましょう。

Column 1

出会いの場で注目を集めるには？

「エンディングインパクト」という心理効果があります。直訳すると「最後の衝撃」という意味です。この心理効果とは、人の印象は最後に見たものほど覚えていて、衝撃を受けるという効果のことをいいます。

たとえば映画や小説も、最後の謎やどんでん返しに衝撃を受けて、ラストシーンをよく覚えているのではないでしょうか？

さて、仕事では納期やアポに遅れるのはNGですが、こと**出会いの場では、「遅れる」ことはそう悪いことではありません。**なぜなら、遅れることでその場の支配権を握ることができるからです。

コンパの場では、みんなが席に座り、料理を注文した直後ぐらいのタイミングで現れるのがインパクト大です。ただし、あまり遅れてしまうとマナー違反ですし、すでに男女ともにお気に入りの相手を探し始めているので、乗り遅れてしまう可能性があります。

また、デートでの待ち合わせには、ちょっと遅れて登場してみましょう。待つほうは支配権を奪われてしまい、遅れて行くほうは支配権を得ることができますので、たとえ先に待ち合わせ場所に着いても、少し離れたところから様子を見て、相手が来たら、２、３分待って、それから相手の前に現れましょう。

そのとき、まずは**「待ってくれてありがとう！」**と相手への感謝を示し、それから「遅れてごめんなさい」と謝ります。ポジティブな言葉で先制すると、相手はまず怒れなくなります。

3 異性が一目惚れする瞬間を意図的につくり出す

意中の異性を一目惚れさせる薬でも開発できれば、きっとその開発者は億万長者になることでしょう。さすがに一目惚れさせる薬というのはありませんが、メンタリズムで、**意図的に一目惚れさせる瞬間**をつくり出すことはできます。

それは一種の**「ハロー効果」**と呼ばれている心理術の応用です。ハロー効果とは、ある対象を評価するときに、目立つ特徴に釣られてほかの特徴への評価にも影響が及ぶというものです。この場合は、好意的な評価、ポジティブな評価を引き出すようにします。

方法は至って簡単。意中の異性がいれば、まずはかまってあげましょう。

かまうというのは、相手を「気づかう」というアクションです。たとえば相手の体の調子が悪そうなら様子を聞いて、薬を買ってきてあげたり、悩みがありそうな雰囲気ならすぐに話しかけ、どうしたの？と聞いてあげたりします。

このかまうというアクションを起こすだけで、相手の中に「あなた」という存在が心理的に植えつけられます。このとき注意してほしいのは、**下手に告白などはしない**こと。そのまま時間をかけてかまってあげてください。すると相手の中で徐々に気持ちの変化が生じます。ここでさらに**「返報性の法則」**という心理効果が働き、今度は相手があなたをかまってあげないといけないと考えるようになります。ここまでくれば、相手の中では「もしかして、オレ（私）はこの人が好きなのでは……」という意識が芽生えます。

相手がなにやらソワソワしてきたなと感じたら、次の段階に進みます。**ソワソワするポイントでわかりやすいのが「目線」**です。今まで普通に目を合わせて話していたのに、急に目線をそらすようになった、また会話を切り出しそうな雰囲気なのに、なかなか話を始めない……そんな態度に注目しましょう。

そして、そんな態度を見せ始めた相手に告げてほしいのが、**「あなたのことが気になる」**というフレーズです（まだ告白はしないでくださいね）。できれば、夜景の素敵なレストランに出かけて、ワインでも飲みながらつぶやくといいですね。すると、相手の心の中では、あやふやだった気持ちが一気に形を成していきます。それは「好き」という形に……。

しかし、かまっている段階で、相手があまり喜んでいない、もしくは迷惑そうにしているなら、また違う戦略をとる必要が出てきますので、ご注意ください。

4 初対面で好印象を持たれなくても一発逆転する方法

アメリカと日本の人事採用で、採用者の容姿をどれだけ重視するか、というデータがあります。それによると、アメリカでは容姿で選ぶのは63％、そしてなんと日本では94％だという結果が出ています。**日本人ほど顔のよし悪しで判断する国も珍しい**ぐらい、もはやこれは国民性と言わざるを得ない結果となっています。つまり容姿によって恋愛対象から外される可能性も高いということです。

では、容姿が悪ければ望みはないの？と反論されそうですが、ここはまた違うのです。「人は見た目が9割」といわれるものの、それはあくまでも**第一印象であって、その後の対応やアピールの仕方で簡単に逆転**できます。なぜなら、第一印象がいい人というのは、ほとんどがその後の「減点法」によって最初の印象がくつがえされるからです。

たとえば、とても素敵な異性に出会って、彼（彼女）があなたにとってこれ以上ないぐらいに理想的な容姿だったとしましょう。あなたはきっと相手と接するたびに幸せを感じるはずです。しかし、何度か会うたびに、徐々にその人の言動やしぐさに嫌いな部分が現れるかもしれません。そのたびにあなたの抱いていた「理想の姿」が崩れ始めます。もとが理想的（パーフェクト）であればあるほど、さらなるプラス面よりも、不足している部分を見つけることのほうが容易です。だから自然と減点法になってしまうのです。

逆に、最初から容姿の点で恋愛対象として見ていない相手であれば、接点を持つうちに「あっ、この人こんな素敵なところもあるんだ」という「加点法」になっていきます。

ポイントは**意外性を上手に見せる**こと。たとえば、普段バリバリ仕事をしている女性が料理上手であったり、見た目は派手なのにまじめな一面を見せたり、子どもっぽく見える男性がいざというときに頼もしさを発揮したりすると、ポイントが高いでしょう。

なお、男性は視覚的（視覚優位）なのに比べ、**女性は聴覚的（聴覚優位）なので、男性の「声」にも反応しがち**です。男性は話すときにハッキリと大きな声で、と教育されたかもしれませんが、女性は聴覚が鋭いのでこの声の大きさに「怖い、イヤ」という拒否反応を示すことがあります。あまり小さい声はダメですが、大きいのも困りものなのです。

逆に、聴覚で受け取った情報から、女性は「彼には雰囲気がある」と感じることがあるので、男性は落ち着いた声を意識してみてください。

5 女性は手の届くかわいさ、男性はコミュニケーションが決め手

女性も大変ですが、男性も仕事をしているといろいろ気苦労が多いものです。取引先からクレームをつけられたり、がんばってもノルマが達成できなかったり、上司に認められなかったり……。ストレスは、飲みに行ったり、遊びに行ったり、趣味に打ち込むことで軽減できても、すり減ってしまった自信まで回復させるのは至難のワザです。

男性の自信がすり減っていると、美人タイプよりもかわいい女性のほうに興味を持つというデータがあります。それは、イギリスのバーミンガムにある大学で行われた実験で明らかになりました。

この実験は、事前アンケートで「自分に自信が持てない」という30人の男性を対象に行われました。彼らに何も知らせないまま、街中で美人タイプとかわいいタイプの女性が彼らに声をかけるという実験をしたところ（男性が逆ナンパされたわけです）、実に80％の男性がかわいい女性の誘いに乗ったそうです。

ところで、今やテレビを見れば毎日のように目にする「ＡＫＢ48」とその姉妹グループ。「会いに行けるアイドル」を標ぼうするＡＫＢ48ですが、この人気はまさに男性陣にとって「自分でもお近づきになれる」という距離感がキーワードとなっています。

芸能界などでのブリっ子キャラは女子にとって好感度が非常に低いのに、男性陣がなぜあんな女の子が好きなのか、女性陣にとって永遠の謎ではないでしょうか？

一方、女性陣がかっこいいと思う女性芸能人は、意外と男性陣には人気がないのです。

心理術で**「ドッグラン」**といわれるものがあります。ドッグランとは犬のレースのことで、レースでは犬が欲しい食べ物を目の前に準備し、ゲートが開くと犬たちと同じスピードで、機械によってゴールまで運ばれていきます。犬にとっては目の前にある美味しそうな食べ物を追いかけているという状態です。

男性がかわいい女性を好きになるのは、これと似た心理状態にあるからです。つまり、高嶺の花より、**手を伸ばせば届きそうな女性**に心惹かれるのです。

もし、あなたが男性に声をかけられたい、またデートに誘われたいのであれば、クールでかっこいい女性より、ほんわかと**かわいい女性**になったほうが話は早いです。

また、「私はそんな軽い女じゃないわ」などと要らぬプライドは持たずに、男性から誘われたらとりあえずデートして、それからひとりにしぼるのでもまったく問題ありません。

一方、男性が女性にモテたい場合、「オレはルックスに自信がないから」という人でも、あきらめないでください。顔やスタイルがよくて有利なのは、あくまでも最初のステップだけ。女性にモテる男性は総じて「コミュニケーション」がうまく、なおかつ女性に対しての「共感力」がすこぶる高いことが挙げられます。芸能人でいえば、お笑い芸人の田村淳氏といえばイメージがしやすいのではないでしょうか。

男性は、結論を出すこと、解決をしてあげることが男らしさの証と考えがちですが、女性は「答え」ではなく「共感」を求めています。女性の話をアドバイスではなく「共感」を持って受け止めると、それは、男性への安心感と肯定感につながります。

男性はモテたいなら、共感するコミュニケーションを身につけること。それが一番確実な道です。

Column 2

お互いの価値観が違うなら言葉を変えよう

人間というのは、自分の価値観と一致するものだけを受け入れ、そうではないものを拒絶するようにできている――そう説いたのは、アメリカのミネソタ州にあるセント・キャサリン大学のＥ・クレアリーという心理学者です。価値観が違う場合、相手に対して話す言葉やメッセージは、相手の価値観に合わせて変更すればうまくいくと述べています。

相手の意見や考え方をあらかじめ知って、相手が受け入れやすい言葉を選べばいいのです。こうした相手の価値観に合わせて言葉を変えることを**「アジャストバリュー」**といいます。

たとえば、女性に「常にきれいにするのが大切」という価値観があって、それを恋人の男性に理解させたくても、男性側にその価値観がなければ、女性が高い化粧品を買えば「そんなの本当に必要なの？」と疑問ですし、美容にお金を使えば「お金をドブに捨てている」と思うわけです。そういう場合には、相手が興味や関心を持つ言葉に変換する必要があります。

「きれいな人を連れている男の人って、周りからデキる男に見られるそうよ」

「きれいな人と一緒にいると、それだけで人脈が広がるんだって」

などと**相手が聞き入れやすい言葉に変える**と、男性は「女性がきれいになることは自分にもメリットがある」と感じ、今まで受け入れなかった価値観に理解を示すようになるのです。

6 「こんな人が恋人ならいいな」と思わせるテクニック

世の中には「こんな人が彼女（彼氏）ならいいのになぁ」と思わせる異性がいるものです。一緒にいると楽しく元気になり、一緒に過ごす時間をもっと増やしたいと思ってしまう相手です。そんな人にあなたもなれればいいと思いませんか？

ここでは、逆に「こんな人とは交際したくない」と思わせる相手の説明から入ったほうがわかりやすいかもしれません。相手をすると疲れてしまい、こんな人とはつき合いたくない、できることなら距離を置きたいと思わせる「負の感情」や「負の言葉」を持つ人物です。簡単にいえば「負のオーラ」をまとっている人です。

アメリカのアリゾナ大学で行われた実験ですが、80組のカップルを対象に、女性側から男性側に対して10日の間、40組には常にプラスの言葉を言い続け、あとの40組にはマイナスの言葉を言い続けてもらい、そのあとの男性のモチベーションや相手に対しての感情を調査したそうです。

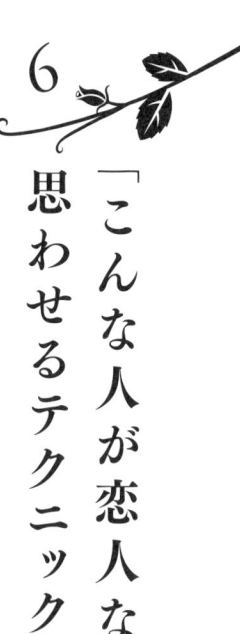

プラスの言葉とは「やはり私が選んだ男だわ」「本当にすごいね」「やれば絶対にできる人だから、がんばって」などです。反して、マイナスの言葉とは「本当に役立たず」「そんなこともできないの」「大丈夫？　男としてどうかなと思うけど」など。

実験の結果、プラスの言葉を浴びた40組のカップルの男性は、常に健康でやる気にみなぎり、彼女との関係性もとても良好だということでした。逆にマイナスの言葉を浴びた男性は、彼女に対して多大なるストレスを抱え、中には彼女からの電話さえ受け取りたくないという人まで現れ、そのうちの13組には別れの危機が訪れました（後日、研究のための調査ということを説明し13組のすべてが復縁を果たしたものの、実験に協力したカップルにとっては迷惑な結果を招いたわけです）。

プラスの言葉がもたらしたのは**「好意の刷り込み」**という心理術で、これは相手の心を「快」の状態にするのを続けることで、相手から好意を得られるというものです。

「すご〜い！」「頼りになる〜！」「やっぱりあなたでなきゃ」「男らしい〜！」……こんな男性にとって**プラスの言葉を、女性はぜひ惜しみなく言ってほしい**ものです。

プラスの言葉は、男性から女性に対しても効果絶大です。男性も女性に「君がいてくれて助かる」「優しいね」「似合ってるね」などプラスの言葉をプレゼントしましょう。

7

相手に興味がないときのしぐさは決まっている

意中の人と過ごして、自分の気持ちが徐々に高まっていくにつれ、気になるのは「自分はどう思われているのか」ではないでしょうか？

早く相手の気持ちを知りたい、相手も同じ、好きなら安心できるのに……そんなヤキモキする気持ちを抱えながら過ごさなければならないなんて、ストレスがたまるものです。

でも、人は好きな異性と一緒にいるときには千差万別な反応を見せるものの、**明らかにあなたに対して興味がない、または一緒にいても楽しくないときの反応やしぐさは、ほぼ決まっています。**

○ひと休みの際の相手のしぐさをチェック

たとえばデートに一緒に出かけたとしましょう。ひと休みをするためにカフェに入ったとします。そこでの相手のしぐさを見れば、ほぼその本心がわかります。

ここでひと休みと言ったのには理由があります。**人間が自然と本心を出してしまうのは疲れているとき**です。疲れているときは体裁を繕うことができず、本来の自分の素が出ます。つまりデートの中盤以降にカフェに入り、相手のしぐさを見るのが一番いいのです。

さて、相手はあなたの目の前で何をしていますか？

もしもこんな動作やしぐさをしていたとしたら、相手との関係をさらに深めることは期待できないかもしれません。

まずは**頻繁に時計を見たり、服についているゴミを払い始めたりする**などの動作。これは明らかにあなたとの時間がつまらないから、早く帰りたいという意思表示です。このしぐさが何度もあったら、早くデートを切り上げることをオススメします。それ以上一緒にいればいるほど相手の中では、悪い思い出としてしか残らないからです。

貧乏ゆすりや大した用事もなさそうなのにスマホを見るなどは、完全に苛立ちを隠しているしぐさです。あなたといる現実から早く逃避したいという気持ちの表れです。もちろん貧乏ゆすりはクセという人もいるので、常にしているかどうかを観察しつつ、判断したほうがいいでしょう。これらのしぐさを見つけたら、悪いことはいいません、あきらめるか、または仕切り直しをしたほうがいいでしょう。

8 脈ありサインはこんなしぐさに現れる

ここからは、あなたに好意があるときの相手のしぐさを解説していきます。あなたといるときに相手に次のような動作が見られるのなら、あなたは自信を持ってください。

相手は間違いなくあなたのことが好き……そんなときには、**鼻の下や口元を触る、またはあなたの話を聞くときにじっと目を見つめる**などのしぐさが現れます。

なぜ、鼻の下や口元を触ると、相手への好意につながるかというと、これらの部分はいわゆる「第2の性的器官」ともいわれ、どちらも粘膜が薄い部分の近くとなります。この部分を触るというのは、つまり動物的な本能として、セックスを求めているのです（ただし、あくまでも無意識的にそうしているわけで、当人の顕在意識ではそのつもりはないことをお断りしておきます）。

相手は、鼻の下や口元を触ることで、無意識のうちに興奮を抑えているのだと考えてください。

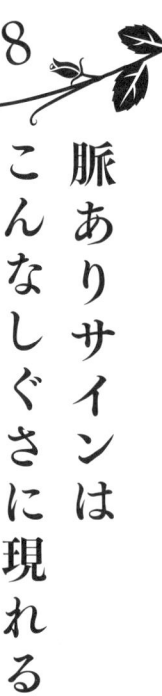

また、こんな動作が頻繁に見られるなら、脈ありで間違いないでしょう。

それは**「ミラーリング」**です。これは「鏡のように」という意味で、お互いの動作が似てくることからそのような名前をつけられました。

あなたも経験があるかもしれませんが、好きな相手とはなぜか動きのタイミングが似るものです。たとえば、顔を上げたときにお互い目が合うタイミングやコップを持ち上げる動作がかぶることが、ミラーリングに当たります。

ほかにも、相手があなたを軽くからかったり、言葉数が多くなったりするのも、好意のサインです。軽くからかうのは笑顔にさせたいためで、言葉数の多さは自分の緊張を隠すためのごまかしの行為です。

そして**「パーソナルゾーン」**が近いのも脈ありの特徴のひとつでしょう。パーソナルゾーンとは人間が特有に持つ距離感で、このゾーンに知らない人間が接近すると嫌悪感を覚え、親しい人とは距離を近づけようとします。職場などで「あのふたり、つき合ってる」と周りの人間が気づくのはこのパーソナルゾーンへの接近のせいなのです。自分たちはうまく距離を置いているつもりでも、いつの間にかお互いのパーソナルゾーンに入り込んでしまうため感づかれるのです。

さらには、相手との距離を意識的にコントロールすることで、かなりの精度で相手の心理、また親密度さえも操ることが可能になります。

○相手との距離で心を操作する

初めてのデートや初対面では50センチという距離が一番心地いいということが、心理実験でわかっています。

次に、数回デートを重ね、お互いのことを理解し合えてきたら、今度は15センチに近づきましょう。**15センチという距離は「パーソナルゾーン」**ですので、よほど心を許していない限り、自ら体を離そうとします。

では、なぜ、距離感を気にする必要があるのでしょうか？

実は距離感というのは信頼のバロメーターであり、もしも初対面なのに、いきなりパーソナルゾーンに入ってきたら、きっと「何この人？　なれなれしい」と感じるはずです。

一方、初対面でも1メートルも離れていると、自分のことを避けているのか、また嫌いなのでは……と感じます。

このように距離感を自由自在に操ることで、相手の気分をコントロールするのです。

「本当にそんなことでコントロールできるの？」と疑問に思う方もいるようですが、これはカップルや過去のあなたの経験を思い出していただくとわかりやすいでしょう。

たとえばデート中は腕を組んだり、手をつないだり、肩を組んだりと、男女ともにお互いのパーソナルゾーンに無条件で入ります。しかし、ここでケンカをしたとしましょう。さっきまでの距離感はどこへやら、男女とも、相手から1メートル離れて、口もきかずにムスッとしているはずです。

こうして感情とともに自然と距離感を置くことから、それを意識的に使うと、相手の感情をコントロールできるということに気づくはずです。

9

相手に最高の幸せを与えるのはこんな「プレゼント」

突然ですが、あなたが自宅で犬を飼うことになったとしましょう。あなたは何をするでしょうか？　飼い方を本やインターネットで調べ、飼育するために必要なものを買い、どうすればストレスがたまらないで済むのか、どうすれば快適な環境にできるのか、多くの情報を仕入れようとするでしょう。

相手のことを調べ、快適な環境を提供しようとする……この点では、犬の飼育も異性の対応も、まったく一緒です。

「そんなことを言っても、それぞれ性格の違いがあるから、同じことをしてもうまくいかないはず」と思われるかもしれません。ですが、犬だって個体によって性質や性格は違います、一方、人間の「男」「女」という生物も、それぞれ細かい違いはあるものの、大まかな部分では「男」である、「女」であることは一緒なのです。

異性への細かな対応は難しいかもしれませんが、大まかに合っている対応を押さえればまったく難しくはないのです。

○男性がうれしいのはヤキモチと……

さて、ここからは異性からされると100％の人が喜び、強烈に幸せを噛みしめる対応を紹介しましょう。

まずは男性編です。**男性が無上の喜びを感じるのは、女性にヤキモチを妬かれたときで**す。なぜなら男性特有の優越感やプライドをくすぐられるからで、好きな人にヤキモチを妬かれると「まったく、かわいいいなぁ」と悦に入ったりします。

もうひとつ、**何もないのに連絡をもらったとき**もうれしいものです。「なんでもないけど、すごく声が聞きたくなって……」などと電話でももらったら、「オレって今、モテ期か⁉」と心の中で口笛を吹きながら、自分に酔うことでしょう。

ただし、いつもヤキモチを妬いたり、いつも連絡したりすると、鬱陶しいと思われかねないのでご注意ください。ふたりの関係のスパイスとして、たまにやるのがポイントです。

◯女性がうれしいのは自分のためのサプライズ

次に、女性編です。女性が無上の喜びを感じるのは、「シンデレラ・コンプレックス」が刺激される瞬間です。いわゆる「白馬の王子さま」の出現です。素敵な男性が現れて、主人公を幸せにするなどの少女マンガやドラマは古今東西、いつでもどこでも支持されています。このことからも、女性がバリバリ仕事をしてどんなに高い地位に就いても、やはり理想の男性が目の前に現れ、相手からアプローチされるのは、最高にうれしいシチュエーションなのです。

さらに言えば、**「私だけのために用意されたサプライズ」こそが、女性に最高の喜び**をもたらします。たとえば誕生日に、目隠しで車に乗せられて駐まったところですばらしい夜景を見せられたり、クルーザーのディナーに招待されたり……男性からすると照れくさいくらいのロマンティックなシチュエーションが、女性のシンデレラ・コンプレックスを刺激します。ここぞというときには、照れくさいくらいのサプライズを用意してみてください。

Column 3

イヤな思いをしない・させない断り方

男のメンツというのは、拒否されることでいとも簡単につぶされます。基本的に男性は、女性より立場や力が上だと感じているため、女性から拒否されることにがまんならないのです。女性からすれば、「別に好きでもないし、イヤだから断っただけなのに」と思っても、逆恨みされたりしたらイヤでしょう。ですから、男性の誘いを断るには、男のメンツをつぶさないやり方をしたほうが賢明でしょう。

ここでは**「センドフォワード・シェイドアウト」**という心理術を紹介します。これは日本語で**「先送りして、闇に消える」**という意味で、相手が納得できない状態ならば、その場の結論を先送りしてそのまま闇に紛れるように消える、という作戦です。

女性が男性からの誘いに応じたくないのであれば、

「ちょっと今は忙しいの。仕事が暇になったらね」

「出かけるのは、もう少しお互いのことをわかってからね」

「今家族のことで手いっぱいなの。もう少し待ってくれる？」

このように言えば、まず男のメンツはつぶれません。女性側に受け入れる姿勢があると感じれば、相手の男性は無理に誘ったりはしないはずです。でも女性側が明らかに拒否する態度をとれば、相手はムキになってしつこく誘いをかけてくるかもしれません。

さらに誘われても、先延ばしにして、また先に延ばす……。そのうち相手の気持ちが冷めていくまで放置しておけばいいのです。**何もきっぱり断って、お互いに嫌な思いをすることはない**のです。

10 自分の意思で操作しづらい笑い方から本心を読み解く

笑いとは、ツボにハマってしまうとお腹がよじれるくらいになって自分では止められません し、悲しいときに笑うのも非常に難しいのではないでしょうか。作り笑いは別として、「笑う」というしぐさは自分の意思で操作するのが難しいものです。

相手の笑い方を観察することは、相手の心のうちを知るひとつのきっかけになります。ちなみに余談ですが、笑うのはとても健康に良く、いつも笑っている人は免疫力も人の5倍ほど高まるともいわれているので、ぜひ笑うということを生活に取り入れてみることをオススメします。

では、本題に入りましょう。あなたの気になる相手はどんな笑い方をしますか？

もし、**口を大きく開けて笑うタイプ**なら本音を隠すのが下手な人です。あなたとの恋愛も駆け引きするより、ストレートに進めようとすることでしょう。

含み笑いをする人なら、自分を隠すタイプです。自分自身をさらけ出すことを良しとせず、人の顔色を見て行動します。

いつもにこにこ、常に笑っている相手なら、当然ながら多くの人にとっての人気者です。気持ちにも余裕があるので、あなたや他人に対してもきっと優しいはずです。

最後に、**あまり笑わない人。**日本人には多いタイプかもしれませんが、実はこのタイプは負けず嫌いです。一見、クールに映りますが、非常に競争心が強い人です。

このように、笑い方を観察することで、相手の心のタイプがわかるので、どう接していけばいいのかが理解できるのではないでしょうか。

本音を隠すのが下手な人であれば、あなたも本音でぶつかっていけばいいですし、自分を隠すタイプなら、相手の様子を見ながら本音を探るようにしないとなりませんし、気持ちに余裕がある人気者なら、少しほかの異性の接近に気をつけるべきでしょう。相手が負けず嫌いの場合は、対等になろうと張り合う必要はありません。あなたが一歩下がって様子を見ればいいのです。

このように笑い方ひとつで相手との接し方を変えていけば、相手にとってあなたは心のよりどころになるでしょう。

11 相手の体の姿勢からわかるあなたへの好感度

体にも感情は現れます。そのため姿勢を見るのも、相手を探る上で非常に参考になります。ここでは、いくつか代表的な姿勢を紹介します。

まずは**ふんぞりかえる姿勢**です。相手より優位に見せたいときによくします。あなたと話していて、彼がこの姿勢をとっている場合、自分のほうが上であるとの意思表示でしょう。デートのとき、日本人男性によく見られる姿勢でもあり、「オレについて来い」という気持ちが現れている証拠です。

次に**肩をすくめる姿勢**ですが、肉体的、心理的に不安を抱いていると考えられます。あなたに対して、かなり消極的な気持ちになっているということです。あなたと話しているときにこの姿勢になったら、話に興味がないのかもしれないですし、あなたといるのが苦痛なのかもしれません。

また、**急に腕を組む姿勢**をしたら、それまで好意的に受け止めてきたあなたとの関係性を拒絶、もしくは心の壁ができた瞬間だといえます。腕を組むことはもちろんクセであることも考えられますが、それまで組むことのなかった腕を急に組み出すのは、やはり心理的な壁ができたと考えて間違いないでしょう。

イスから腰を浮かして**座り直す姿勢**が見られた場合、これは決定的にあなたの話に退屈している証拠ですので、気をつけてください。

今度は、**積極的な姿勢**を解説しましょう。もし話していて、相手が**「前傾」**姿勢になっているようなら、それはあなたの話に興味があり、またあなたにも興味があるということです。人は興味があるものに対しては自然と前のめりになって、よりその話を聞こうと思うものです。これは前のめりになることで、無意識のうちに興味の対象により体の距離を近づけているのです。

もうひとつ、興味があるものに対し、人が自然に、そして無意識にしてしまう行為としては、**テーブルの上のものをどかす**ことがあります。これは相手との間に障害物を置きたくないがための行為で、興味がある、または好きな人にしかしません。

相手の話を聞く姿勢でも、ここまでのことはわかりますので、臨機応変に活用していきましょう。

12 もともと持って生まれた気質は歩き方に現れる

人の心を読むというと、おおかた「表情」「しぐさ」などが読み解くカギとして紹介されますが、実は歩き方でも、その人の気質がわかります。

気質とは、人間がもともと持って生まれた本質の部分です。

たとえば生まれた瞬間から短気な気質を持っている場合、この短気というのは死ぬまで直ることはありません。これは黒い肌、白い肌を持って生まれた人が、死ぬまでそれが変わらないのと同じことです。ただし、メンタルの訓練や、短気は自分にとってマイナスだと理解した場合、その気質は奥のほうに隠れるようになります。しかし、これはあくまでも「隠れる」のであって、消えたわけではないのです。ちょっとしたスイッチで、再び短気が顔を出すのはよくある話です。

さて、ここであなたの意中の相手がどんな歩き方をしているのか、その隠れた気質を見ていきましょう。

まずは**小走りで歩いている場合**、モチベーションが高いタイプです。社交的であり、フットワークも軽く、人の気持ちを汲み取るのが得意なので、多くの人に好かれているはずです。この気質を持っている彼や彼女は、常に楽しい会話ができるはずですから、一緒に楽しい時間を過ごしやすいでしょう。

ゆっくり歩く人は、基本的にリーダータイプで、大局的に物事を見ることができます。なんでも許してくれる人、器が大きい人は、ゆったりと大股で歩く傾向にあります。このようなタイプと結婚すると、どっしりかまえているので非常に安心感があります。

最後に、**背筋を伸ばしてリズミカルにテンポよく歩く人**は、自信家であり、有能なタイプが多いです。積極的でプラス思考ですので、一緒にいると自分自身も同じようにプラス思考に変わることでしょう。

以上、主な3つの歩き方とその気質を説明しましたが、人は必ずこの3つのどれかの気質に属しています。

◯ 歩き方の基本は「小走り」「ゆっくり」「リズミカル」だが……

もしも3つのどれにも当てはまらない歩き方の場合、あなたが見ているのは、後天的に作られた「性格」の部分なのかもしれません。

たとえば、背中を丸めてうつむき加減に歩いたり、挙動不審に周りを見回しながら歩いたりする人がいたら、もともとそういうクセがあったわけではなく、後天的に身につけたのだといえます。

お気づきかもしれませんが、**先天的な気質というのはプラスとなる要素が多く、後天的に作られる性格はマイナスの要素が多く**含まれます。これは人間が生まれてから成長するにつれ、周りの環境や人間関係に合わせて自分を抑え込んできた部分が表出するためだといわれています。

Column 4

迷ったときには直感に従おう

「今、彼は何を考えているのかな？」

「彼女をあのレストランに連れて行って、喜んでもらえたかな？」

「次のデート、あそこに行こうって誘ってみたけど、彼女の趣味じゃなかったかな？」

恋愛中はいろいろと迷いが生じます。考えれば考えるほど、迷いがどんどん大きくなり、何が正解かわからなくなるのではないでしょうか。

でも、**運の強い人は、「直感」を頼りに**します。

直感というと、まるでスピリチュアルな感じに聞こえるかもしれません。でも、実は微表情（わずか0・2秒間に顔に表れる本音）やしぐさなどから受け取る印象に基づくものであり、霊的なものではまったくないのです。

イギリスで行われた実験を紹介しましょう。それによると、○×の二者択一の超難問テストを被験者に受けてもらい、直感に従って答えた人と、よく考えてから答えた人との成績の差を調べてみたところ、なんとほとんど差が見られなかったという結果が出たのです。

つまり、**迷ったときに、よく考えても直感で答えを導き出しても、ほとんど答えは一緒**だということです。そうであれば時間をかけることなく、さっさと答えを出して、悩まないことが時間をむだ遣いしないためにも、精神衛生上もオススメです。

13 口グセで人の器がわかる！とくに気をつけたい3タイプ

口グセというものは少年期から形成され始め、友達や憧れの人の影響を受け、その人の経験を経て完成されていきます。青年期（15〜24歳）の頃にはすっかり板につき、その後はよほどのことがない限り、変わることはありません。

口グセというのは、人の心のうちを吐き出す「真実」で、その人の器の深さを推し量る上でも、非常に役に立ちます。

ここでは、代表的な口グセをいくつか解説しましょう。

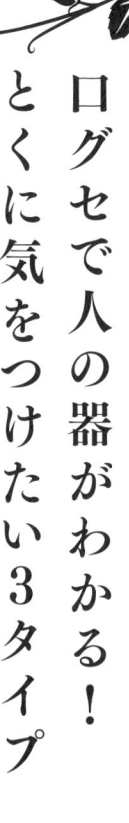

まず言い訳をしがちな人の口グセは、**「だって」「でも」「どうせ」**などです。このような言葉を吐く人は基本的に無責任で、自分の失敗のあと始末もできないタイプです。一緒にいるとしんどい思いをするのは間違いないでしょう。

一方、相手の意見を聞かず、我が道をいく人は**「逆に」「じゃあ」「だから」「ていうか」**というキーワードが多く、まず相手の話を聞いているフリをして、そのあとこれらの言葉を使って自分の言いたいことを押しつけてきます。

自分に自信がなく、なんでも保険をかけておこうとする人は**「いや」「一応」「しょうがない」「どっちでもいい」**というキーワードが多いでしょう。

このように口グセを分析すると、相手が今までどんな人生を送ってきたのかが、おおかたわかってきます。

たとえば言い訳タイプの人は、今まで自分で責任をとることは少なかったはずです。そんな男性に「オレが一生守るよ」と言われたら、そのまま信じるのではなく、具体的にどう責任をとってくれるのかを聞いてみることです。きっと「えっ、あ……それは……」と口ごもるはずです。

また相手の意見を聞かないタイプは、聞いているフリをするだけなので、ちゃんとあなたの意見を認めてくれるのかをしっかり確認する必要があります。

最後に、保険をかけてくるようなタイプは、あなたが相手を人として成長させるようサポートをしなければなりません。保険をかけるとは、いつでも逃げ道を用意しているということなので、何かあればあなたから逃げることも考えられるわけです。

口グセはその人を表す「人生の縮図」、この点をしっかり意識しましょう。

14 友情から恋愛に発展させる「チェンジフェーズ」

男女の友情は成立するのかどうか？

これは、それぞれの人間性、そして人間関係レベル、思想や信条によっても左右されるので、正しい答えはないように思います。

では、男女の友情から愛情に変えることはできるのか？

もしも、あなたが意中の異性と友達関係にある場合、この問いはとくに気になるでしょう。

実は、すでに友情が成立している場合、愛情に変える唯一の方法は、「肉体関係」しかありません。こうした変化によって、関係性に新たな局面をつくり出すことを**「チェンジフェーズ」**といいます。

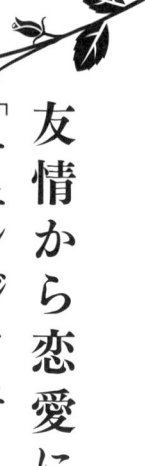

チェンジフェーズとは、直訳で「局面を変える」という意味で、現状に不満なら、それを変えるしかありません。

「そんなことしなくても、ちゃんと告白すればいいのでは？」と、ある女性から質問されたことがありますが、「告白」はいい手ではありません。なぜなら、相手は友情で十分に満足しているので、その先の関係は求めていないからです。もしも、相手が友情以上のものを求めているのであれば、すでに肉体関係を求められているはずです。

では、肉体関係さえ結んでしまえばいいのか？というとこれはまだ早計です。

友情からいきなり肉体関係を結んでしまうと、人には必ずある種の「罪の意識」が生まれます。なにせ友達と関係を結んでしまったのだから、この先どう接すればいいのかわからなくなるのです。

ここで2つの選択肢があります。

ひとつは、**肉体関係を結んだその日に、そのまま交際を求める方法。**

もうひとつが、そのまま友情ごっこを続け、その間何度も関係を結んで、そのまま**ゆっくり恋愛に発展させる方法**です。ただし、下手をすると後者はセフレの関係になってしまう可能性が高いので、私がオススメするのは前者の方法です。

ただし、話の持っていき方については、真剣に「つき合おう！」と話すか、もしくはフランクに「この際だから、つき合っちゃおうか」と話すかは、肉体関係を結んだあとの相手の表情、その場の雰囲気を見て判断する必要があります。

Column 5

「リンクアクション」で気分をアゲる

人の気分というものはかなりいい加減なものです。アメリカの心理学者カミングス氏の研究によれば、レストランでもチップの払い額は、雨の日よりも晴れの日のほうが断然高いということがわかっています。つまり、気分はお天気にも左右されるくらい簡単にコントロールできるということです。

もし、あなたがいつも気分にムラがあるのでしたら、これは早急に直しておいたほうがいいでしょう。

「あれ？　オレといるのがおもしろくないのかな」

「もしかして、私のことが嫌いなのかも」

などといらぬ気を遣わせてしまうからです。

では、どうすれば気分をコントロールできるのか？　それには簡単な方法があります。

「リンクアクション」という言葉があります。直訳で「つなげる動作」。体の使い方１つで、簡単に気分を変えることができるのです。あなたはうれしいことがあったとき、体を丸めて下を向いたりしますか？　顔を上げて胸を張って軽快に動くはずです。このように、心の動きは体の動きと密接にかかわっていることは想像しやすいでしょう。その逆もしかりで、**体の動きから心の動きに変化を与える**こともできるのです。気分が沈んだときこそ、顔を上げ、胸を張り、スキップするかのように軽快に動き、大げさなくらいに笑ってください。必ず気分が楽に変わっていきます。

Chapter 2

思い通りにならない相手を思いのままに操る

15 「コールドリーディング」で相手の想像力を刺激せよ

「○○さんって、今までに出会ったどの人とも違うし、それが嫌だっていう意味じゃなくて……うまく説明できないけど、街を歩いても、『あれ？ ○○さん？』って見間違えたりするんだよね。本当に、○○さんって目立ちますよね」

これは、単なる褒め言葉のようにも、異性としての関心の表れとも受け止められるでしょう。14ページでも紹介したこうした言葉の使い方を**「コールドリーディング」**といいます。

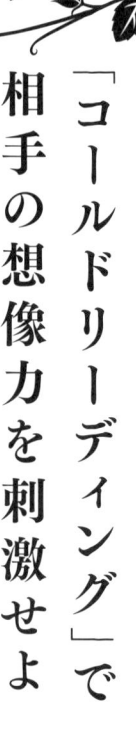

コールドリーディングとは、偽占い師や偽霊能力者がよく使う話術で、具体性のないうやむやな言葉を使うことで、相手に勝手に想像させて、まるですべてのことを見通せるように見せる話術のことです。

しかし、「○○さんってすごい体力ありそう。体つきもいいし、すごーい。今度見せてほしい」と女性から男性に言ったとしたら……。このとき男性の脳内では、すでにベッドインしているシーンに変換されているはずです。ここまで期待を抱かせてしまうと、もうコールドリーディングとは言わずに、「思わせぶり」なセリフになってしまいます。

では、思わせぶりとコールドリーディングではどう違うのでしょうか。

思わせぶりには、具体性があります。たとえば「○○さんが好きだから、今度一緒に食事でもしたいなあ」といったフレーズです。

一方、**コールドリーディングの場合は具体性がなく、どういう意図で言っているのかがあいまい**です。次のセリフは、**コールドリーディングの話し方例**です。

「パスタ好きだよね。でも肉系もいける感じがするし、実際そんなに嫌いでもないでしょ？　でもやっぱりお寿司かな。この3つの中ならどれがいい？　○○ね、じゃあ、今度一緒に行こうよ」

「出かけるなら、夜景の見えるところがいい感じだよね、いや、でも海辺で風に吹かれるのも好きそうですよね。あ、やっぱり夜景が好き？　じゃあ、今度一緒に行こう」

これなら相手がどういう返答をしても、Ｙｅｓと答えてもＮｏと答えても、話しかけた側が望む方向に話を誘導することができます。コールドリーディングには多くのテクニックがありますが、まずは**表現の「あいまいさ」を身につけることができれば、相手が勝手に想像を働かせてくれる**ので、あなたにとって有利な展開になる可能性は高いでしょう。

あいまいさが大切な理由のひとつには、まず**相手に主導権を握らせてはいけない**ということがあります。

たとえば「好きだ」ということを相手にハッキリ伝えてしまうと、相手側はこちらを好きなのか、嫌いなのかを決める主導権があります。恋愛において主導権を握られると、それを取り戻したくても取り戻せません。

また、相手側がこちらを振り向いているという自信がないときに、「私はあなたを好き」と自分の思いをハッキリと伝えてしまうと、**相手が望まなければ関係を断ち切られてしまうという危険性**があるからです。たとえ関係性が薄くても、終わらない限りチャンスはいつか訪れます。たとえば、相手が「失恋したとき」「ひとり暮らしを始めて寂しくなったとき」「周囲の人が次々と結婚したとき」など、人恋しくなるときはチャンスです。相手との関係性は終わらせないことが大事で、その上で虎視眈々とそのチャンスを狙っていけばいいのです。

Column 6

会話中のしぐさの変化には こんな意味が……

人間の体というのはよくできていて、頭の中で考えたことや思考そのものも体で表現するようにできています。

たとえば、うれしい知らせのときにはガッツポーズのようなしぐさをしたり、逆に落ち込んだときには自然と体が丸くなり、顔はうつむき加減になり動きが少なくなったりします。**体というのは非常に正直**なのです。

もし、相手があなたと会話をしているときに、突然体の動きを変えたときには、口には出さないものの、体が反応をしている場合があります。ここでは、そんな反応を２つ紹介しましょう。

まず、突然、手振りなどのジェスチャーが多くなった場合、これは話の内容、もしくはシチュエーションに緊張していて、その緊張をほぐそうとしているのです。とくに自信がないときほど、ジェスチャーを取り入れようとします。

次にオーバーリアクション。話を誇張して自分を大きく見せたいときに現れるしぐさです。たとえば、

「え〜マジで！　それってヤバくない!?」

「この前のパーティー、か〜な〜りの人が来てくれたよ」

など、必要以上にリアクションが大きいのは、話の受け手に対して、自分はすごいということをアピールしたいのです。

いずれにしても、**会話の途中に現れた突然のしぐさの変化には、必ず意味がある**と考えてください。

16 相手の反応がいまいちのときには、「フレームチェンジ」してみよう

ハッキリ「好き」とは伝えずに「私はあなたのことが好きかもしれませんよ」となんとなく匂わせているものの、相手の真意がわからないというとき……。そんなときには**「フレームチェンジ」**をする必要があります。

フレームチェンジとは、**言葉や文章の枠組みを変えることで、相手の受け取り方に変化を与える**というものです。さて、次のふたつの文章を読んで、あなたはどう感じますか？

A「私はあなたがいないと生きていけない」
B「あなたが生きているから、わたしもこうして生きていける」

どちらもほぼ同じことを言っているにもかかわらず、Aは「生きてはいけない」という言葉から、重たく感じられ、相手への依存心が半端ないように聞こえませんか。一方、B

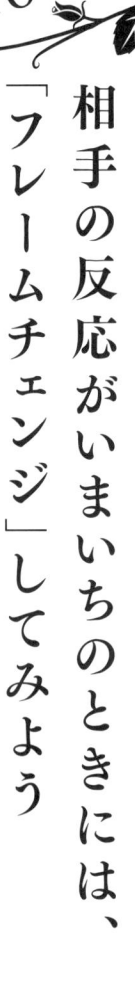

は相手への感謝の念が伝わり、依存ではなく「頼り」にしている感じがしないでしょうか？

このように同じ言葉でも、言葉の並び（フレーム）を変えるだけで、その印象は大きく変わってくるものです。

もしも、意中の人に好きだと匂わせているものの、その反応が鈍いのであれば、もしかしたら、「フレーム」の使い方が間違っているのかもしれません。まずはフレームを変えてみて、再度、相手の反応を見てみてはいかがでしょうか。

悪い例としては「〇〇って好きな人いる？　もし、いなかったら彼女（彼氏）候補に立候補したいなぁ。ねぇ今度、ディズニーランドにデートに行こうよ」などと攻める人もいるかもしれませんが、そう誘ってくる当人に興味がなければ、その時点でアウト。デートに進むことはできないでしょう。こんなふうに、相手の意思がハッキリしないのに、異性として意識させてしまう言い方は、オススメできません。それよりも、フレームチェンジをして、こんな誘い方をするのが正解でしょう。

「ディズニーランドって好きな人と行くのが一番だよね。今度、一緒に行こうよ」

まだ友達段階でも、**この「好き」という言葉は、友情にも恋愛にも受け取れます**し、何より重たく感じさせないので、よほどのことがない限り（よほどその場所が嫌いか、相手を嫌いでない限り）、きっとその誘いに乗ってくれることでしょう。

54ページで紹介した「コールドリーディング」と似ていますが、ちょっと違います。

フレームチェンジは相手に暗示を与える話術です。暗示のことを心理学用語では「トリガーを埋め込む」といいます。**「好き」という言葉を暗示として会話に入れ込むことで、無意識に言葉に対する引き金を設定しておく**のです。

うまくいかなかったら、言葉のフレームを変えて、さりげなく暗示を与える言い方をしてみてください。案外すんなり前に進むことができるものです。

Column 7

会話のクセは彼の無意識の宝庫

話し方は「声に出る表情」ともいわれて、警察捜査でも声紋認識でも、その人の性格がわかるといわれています。またいつもと違う話し方をしたら、何か伝えたいことがあるのでしょう。ここでは、いくつかの話し方のタイプに分けて、その性格を紹介します。

まず、**普段から早口の人**と、**会話の途中から早口になる人**がいますが、普段から早口の人は頭の回転が速いので、問題解決に導くのがうまいでしょう。会話は多岐にわたるものの、得てして上から目線になる欠点があります。一方、会話の途中で相手が急に早口になるのは嘘をついている可能性があります。

話し方に抑揚のない人は、感情をあまり表に出さない引っ込み思案タイプです。他人からは、ミステリアスな人物に見えますが、ただ人と接するのが苦手なだけ。この話し方の人には、あなたから会話をリードしてあげるといいでしょう。一方、**途中で声のトーンが上がる人**は緊張しているか、動揺しているのでしょう。嘘をついたり、興奮したり怒ったりするときにもトーンが上がります。

あと、**ぼそぼそと話す、声に張りのない人**は、かなりのマイペース。体調が悪かったり落ち込んだりしていると、人は声が小さくなります。常に声に張りがないなら、人からの評価をあまり気にしない人です。逆に、**声が大きい人**はというと、声の大きさは自信の表れ。自信の度合いによって、声の大きさは変わります。その大きさが頻繁に変わる場合は、何かしらの迷いを抱えているのでしょう。

17 好きなのか嫌いなのか、ハッキリしない相手への対処法

こちらは明らかに「好き」だという意思表示をしているのに（54ページの「コールドリーディング」で説明したように、本当は「好き」はあいまいにしておくのが正解ですが）、なかなか自分の気持ちを表明しない相手がいたとします。

相手が「友達のままでいよう」とか「恋人としては見られない」「私よりもっといい人がいるよ」など、何らかの断りの意思表示をしてくれればまだいいのに、アプローチしてもハッキリしない相手への対処法をお伝えしましょう。

私が思うに、自分の気持ちを表に出さないのは、その相手が「あまのじゃく」だからです。あまのじゃくな人は、たとえば本当は好きなのに、自分の本当の気持ちがわかってしまうことに恐怖心を抱いている場合があるのです。また、**あまのじゃくとは、本心と反対の行動や言動をすることで、自分の心の安定を図ろうとする「反動形成」の心理**ともいわれています。反動形成とは自己防衛の機能のひとつで、自分の感情や心が傷つくのを極力

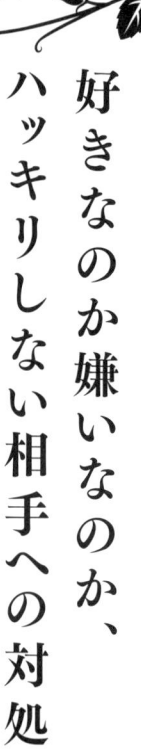

避けようとするものです。

では、あなたのことが好きなのかどうか、どうしたらわかるのでしょうか？

実はあまのじゃくな相手には、あることをすると、本心をしっかり表現してくれるようになります。ぜひ、この言葉を投げかけてみてください。

「ねぇ、私（オレ）のこと、嫌いでいいの？」

ここに重要なポイントがあります。ここで話す言葉は、「私のこと嫌い？」でも、「私のこと好き？」でもないということに注目してください。

好きか嫌いかの質問だと、**あまのじゃくな人は、本心ではそう思っていないのに、その反対の言葉を言ってしまう可能性が高い**のです。

ここで「嫌いでいいの？」という言葉は、相手からすると、自分から離れてしまうかもしれないという焦りを生み出します。あまのじゃくな心理状態になれるのは、あくまでもまだ気持ちに余裕があるから。その余裕さえ消してしまえば、本心を出さざるを得ないわけです。

焦りがあれば、本当に嫌いでない限り、「嫌いじゃないよ」という答えが導き出せるはずです。

18 相手から好意を持たれる「共感力」はこうすれば身につく

人は自分の話をしっかり聞いてくれる相手が大好きです。「うんうん、それで？」と真剣に聞いてもらえるとうれしいですし、聞いてくれる相手に非常に好意を持ちます。しっかり自分を受け止めてもらっている気がして、「この人は自分のことをわかっている」と思ってしまいます。

「共感レベル」という言葉があります。これは、話を聞く人の表情やうなずきなど、話す内容に対する関心の高さを判断するものです。相手の話を肯定的に受け止められるほど、共感レベルは高く、否定的な反応に感じさせてしまうほど、共感レベルは低いということです。もちろん、**人は共感レベルの高い相手に好意を持ちます。**

ただ、どうしても相手の話に興味を持てない場合もあるでしょう。たとえば女性が男性からプラモデルやギャンブルの話をされても、男性が女性からファッションや芸能情報などの話をされても、共感するのが難しいケースがあると思います。

そんなときには、あなたの本意はどうあれ、共感しているポーズくらいはとるようにしましょう。話をしっかり聞いているかどうかは、主にうなずき、表情、言葉に対しての反応が重要です。

では、どんな反応が正解かというと、**「表情は少しオーバーに、声は明るく」**です。

相手の話に、自分でも少しオーバーかなと思うくらいの反応をするのでちょうどいいと考えてください。

たとえば、俳優などは「自分でもオーバーかな」と思うくらいの演技をして、それを映像でチェックしてみると「ちょうどいい」くらいです。オーバーにするとしらじらしいと思われるのでは、と心配する必要はまったくありません。あとは明るい声で「えー、すごい！」「そんなこと、本当にあるんだぁ！」などと応えます。声の明るさと相手の気分の良さは、比例していると考えてください。

○相手のリアクションが重要なワケ

とくに男性は、女性のリアクションを重視しています。そのリアクションによって、「オレってすごい」「オレってデキる」「オレってかっこいい」と自信を持つことができ、自分の価値を認めてくれる人を好きになります。逆に、価値を認めてくれない人からはすぐにでも距離を置きたいと考えます。

つまり、自分が相手に対して、満足させているかどうかで、今後の関係を続けていくのかを見るということです。

アメリカのマサチューセッツ大学で「ネグレクト実験」というものが行われました。実験では赤ちゃんに対してお母さんに無表情で接してもらい、その反応を見るという方法です。赤ちゃんは無表情になった親に対し、体を使い興味を引こうとしますが、それでも反応が見られないとやがて不機嫌になり、最後には全員泣きだしてしまいました。このように、人間は生まれつき、相手からの反応が返ってこないことが非常にストレスになるのだとわかったのです。

もちろんこれは男女ともにいえることですが、**とくに男性にとって反応をもらうことの喜びは、幼年期から女性よりも高い**ことが判明しています。

「この絵、1時間で描いたけど、どう？」

「ねぇ、さっきの試合で、オレがシュートしたの、見てた？」

「オレの営業成績が良かったから、今度、社長賞をもらうことになったよ」

そんなふうに彼から言われたら、女性は間髪入れず、「すごい！　すごい！」と過剰なくらいに反応してあげてください。それだけで、「彼女は違う」と彼にとっての特別な存在になれること請け合いです。

19

女性が良かれと思ってとったこんなリアクションがNGだった

男性は心のどこかで必ず「子どもの心」を持っています。これを**「インナーチャイルド」**と呼びます（スピリチュアルの世界でもこの言葉を使いますが、それとは別ものです）。

たとえば、大の男がフィギュアを集めたり、車に凝ったり、ゲームに夢中になったり……。「男ってなんでこんなに子どもなんだろう？」と、女性は不思議に思ったりするのでは？　それもこれも、男性の中にある「インナーチャイルド」のせいなのです。

先ほどは、リアクションをとるときには、過剰なくらいに「すごい！　すごい！」と反応することがポイントだと述べました。

「すごい！」と褒められて、喜ばない子どもはいません。ただし、大人の男性を褒める際には、気をつけてほしいことがあります。

たとえば、女性が男性のことを、こんなふうに褒めたとしましょう。

「○○さん、さっきのプレゼン、良かったですよ！」

「今月、○○くん、営業成績いいよね。がんばってるね！」
「さっきの企画、私はいいと思う！」

どれも間違いなく褒め言葉です。しかし、「良かった」「がんばってる」「いいと思う」などには、相手を「評価」するという側面があります。女性にまったくそんなつもりはなくても、**男性からすると、「オレって評価されている」↓「彼女は上から目線でものを言っている」↓「自分はバカにされている？」**と感じてしまうこともあるのです。

子どもを褒めるときにはそんな気づかいはいりませんが、大人の男性を褒めるときには、「相手を評価している」という雰囲気を排除するのがポイントです。

それには**褒めるよりも、さらに「おだてる」というアクションをとる**ことです。

「○○さん、さっきのプレゼン、良かったですよ！　あれだけの説得力、ほかの人には出せませんよ。私、思わず聴き入っちゃいました」

「今月、○○くん、営業成績いいよね。がんばってるね！　○○くんがいるから、この会社は利益を出せてるようなもんね」

「さっきの企画、私はいいと思う！　あの視点を思いつくなんて。ほかの人にはマネできない。さすが○○くんだわー」

「ほかの人にはない」「あなたがいるから」「ほかの人にはマネできない」……つまりは「あなたでなければダメ！」と言われたら、もう天にも昇る気持ちでしょう。男性を褒めるときには、おだてることがポイントです。

○女性は細部を褒められると、よりうれしい

ちなみに、**男性が女性を褒める際には、細かい部分に注目する**ことが大切です。それは髪型の変化、ネックレスやピアスなどのアクセサリー、またマニキュアをした指先や手入れされた指がきれいであることなどです。そんなところを普通、男性は注目しないだけに、女性は「この人、私のことをよく見ている！」と感じるのです。

そして、女性は言葉よりノンバーバル（非言語）情報を正しいと無意識にとらえるので、言葉だけで好意を伝えるのではなく、**相手を大切にしていないと出てこない「行動」（女性の細かい変化も見逃さない）に表すことで、より一層、女性の心に好印象を与える**ことができるのです。

Column 8

男性に買い物につき合ってもらうには

一般的に、男性は女性の買い物につき合うのが苦手。なぜなら、**男性は「目的」のはっきりしないことが非常に苦手**だからです。

男性は買い物をするときはしっかりと「目的」があり、それに向かって行動をしたいのです。一方、女性には「目的」がなく、雑貨を見ていたかと思うと、今度はアクセサリーを見て、はたまた洋服の試着をして……と一貫性がないので、男性はついていけないのです。男性は1つのことに集中する傾向が強く、あれこれと吟味しながら見て回ることを非常に苦痛に感じるのです。

ただし、男性は買い物が嫌いなわけではなく、女性と同じように好きなのです。もし、女性の読者が「デート中にいろいろ買い物をしてみたい」と思っているのなら、彼を少し誘導してしみましょう。

「パーパススイッチ」という心理術があります。これは意訳すると「目的をすり替える」。男性が目的を持たない買い物に苦手意識を抱くのなら、目的を待たせられればいいわけです。

男性は分析が好きなので、たとえば買い物中に値段などの比較検討を担当してもらいましょう。

女性が気に入った2つの服があれば、「この素材とあの素材で、これだけの値段が違うけど、どっちがいいかな？」とたずねましょう。「素材ならこっちのほうがいいだろ、だって……」とうんちくが始まるはずです。買い物を「分析と比較検討」という目的にすり替えるだけで、つき合ってくれるようになるでしょう。

20 相手を思い通りにする「メモリーリフォメーション」

あなたの思い通りに相手を動かすには、相手にそれと気づかれないように「主導権」を握る必要があります。

主導権を握るというと難しく感じるかもしれませんが、実は簡単にできます。

そのひとつが**「メモリーリフォメーション」**という心理術です。これは、直訳で「記憶の改革」という意味です。ここでは「記憶の改ざん」と呼ぶほうがより適切でしょう。

人間の記憶というのは実にあいまいで、**1日の記憶の95％は眠ってしまえば忘れてしまう**といわれています。

ここでは、男女のこんな会話を再現しましょう。

「ねぇ、この前、飲みに行ったとき、私（オレ）のこと、『少しいいなぁと思っている』って言ったの、覚えてる？」

「えっ、そんなこと言ったの？」

「うん、酔ってたから覚えてないとかナシだよ」

「いや……どうかな、言ったかなぁ」

「うわぁ、それ悲しい、**『いいなぁ』って言ってくれたの、超うれしかったのに**」

「あっ、ごめん、そういう意味じゃないんだ」

「いいよ、酔った勢いならそれでもかまわないよ。本気で言ってなかったってことでしょう？」

「いや、ごめん。いいって思ってる、だから一緒に飲みに行ったわけだし……」

「じゃあ、やっぱり、ちゃんと言ったよね」

「……うん、そうだね。たしかに言ったと思う……」


実は、酔っていたという彼（彼女）は、相手のことを一切「いいなぁ」などとは言っていません。でも、こうして**断定的に「言った」と決めつけた話し方をされてしまうと、自分の記憶に絶対の自信がない限りは、「そんなことを言ってたのか」と思い込む**ようになります。

ポイントは自信たっぷりに話すこと。そうすれば相手の記憶を書き換えることなど、いとも簡単にできるようになります。

相手の記憶を操作するメリットとしては、実際はなかったことでさえも、まるであったかのように、話を誘導することができるということです。

たとえば、「1年前に貸した1000円をそろそろ返してくれよ」と相手に言うと、催促された側はほとんどが「あれ、借りてたっけ？」と感じながらも、渋々とお金を出すものです（もちろん、こうしてお金を出させるのはNGです）。

このように、言葉ひとつで「無」から「有」をつくり出すことができるということは覚えておくといいでしょう。

Column 9

色が持つ不思議な効果を活用せよ

色の効果というのは一般的に知られるようになりました。ここでは、男女の関係に効果的な使い方を解説したいと思います。

まず、相手にやる気を起こさせるとき、また性的に誘いたいときには、ぜひさりげなく赤を使ってください（89ページ）。**赤は脳内ホルモンのドーパミンを分泌**させる効果があります。

一方、**ゆったりとした時間を過ごしながらお互いの関係性をより深めたい場合は白**を身につけ、**将来のことをきちんと話し合いたい場合には黒**を身につけるのがいいでしょう。白には純粋、ピュアな印象、清潔感を与える効果があり「あなた色に染まります」というメッセージがあります。一方、黒はフォーマルな場でも着用されるように、厳粛なイメージを与えます。

また**気分をリフレッシュさせたいときには、ライトブルー**を身につけるといいでしょう。この色は体を軽快に感じさせます。

アメリカのある工場では、手に持って運んでいる箱の重さから、従業員の多くが腰痛を訴えていたそうです。ところが、工場の壁の色を黒からライトブルーに変えたところ、腰痛を訴える人が激減し、箱が軽くなったように感じるという事例がありました。箱の重さは一切変わっていないにもかかわらず。つまり、環境の色だけで人間の心理状態が変わることが証明されたのです。

ぜひみなさんも、その場のシチュエーションによって身につける色を変えてみてください。

21 なぜ、手に入らない相手ほど魅力的に感じるのか？

「パブロフの犬」という心理学用語は、みなさんもよくご存じでしょう。ロシアのイワン・パブロフ博士が、犬に決まった時間に餌をやり続けたところ、今度はその時間に餌を手に持っていなくても、犬は餌がもらえると反応し、口からよだれを出すようになったそうです。

この実験を簡単にいうと、**誰しも必ず何らかの「条件反射」を持っている**ということです。

たとえば、電話が鳴るとつい受話器を取ってしまうのも、つまらない会議などの退屈な場面で思わず眠気に誘われてしまうのも、書店に行くと急にトイレに行きたくなるのも条件反射のせいなのです。

実は人には、**恋愛においてある種の「条件反射」**があります。その条件に遭遇すると「もうこの人を離したくない」と無条件に感じ始めるのです。

その条件とは**「こちらを向いていると思った異性がほかの人に取られそうになった」**と感じる瞬間です。

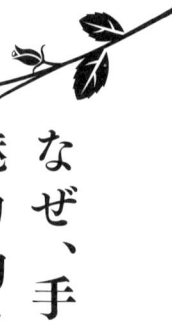

「彼は私のことがきっと好きね」「彼女はオレに気があるな」と感じて安心し、でも「すぐに相手とつき合いたい」とは思っていなかったのに、いつの間にか相手がほかの異性とつき合い出すと、居ても立ってもいられない状態に……なんてシチュエーションはありがちでしょう。

数回デートに行って、いい雰囲気になっていた相手がほかの異性とデートに行ったと聞くと、別に交際宣言をしてなくても、なぜか怒りや焦りの気持ちが湧いてきたりします。

これは、人間の非常にわがままなところではありますが、性《さが》なのです。

ですから、なかなか振り向いてくれない相手がいたら、この特性を利用しない手はありません。

「相手が自分をあまり大切にしていない」

「どうも本命扱いされていない」

「友達以上、恋人未満の関係が続いている」

そう感じたら、ほかの異性の存在を匂わせておけばいいのです。しかも、ここでは実際の異性の友達を引き合いに出すのではなく、**架空の存在をつくることがポイント**です。

相手との関係性やシチュエーションなどによって、どういう行動をとるかは違いますが、たとえば次のような行動をとって、ほかの異性の存在を匂わせるといいでしょう。

・今まで誘われたらすぐにＯＫの返事を出していたのを「その日は先約があって」と断る
・本当に予定を入れる
・興味があったことを始めて熱中し、充実した日々を送る

架空の異性の存在をつくって相手からの誘いを断るときには、**「思い通りにならない相手」は、思い通りになる相手よりも何倍も魅力的**に映るのだということを思い出してください。

○自分のものではないと思わせる「希少性」の原理

また、ほかの異性に取られると思うと焦り出すのは、**「希少性」の原理**が働くせいでもあります。この用語は多くのビジネスでも使われるので、きっとあなたもご存じかと思います。たとえば通販番組などで、

「限定１００セット」

「今から1時間以内に購入すれば、半額に！」

「世界でここでしか手に入りません！」

といったフレーズがよく聞かれますが、これらはすべて希少性をあおる言葉です。

多くの人にとって、これらの言葉の数々は魅力的に映るからこそよく使われているのです。このフレーズの心理効果は絶大で、同様に、異性に使わない手はありません。

恋愛における希少性とは、恋人がいたり、配偶者がいたり、自分のものではないと思わせることです（ただし不倫をオススメしているわけではありません）。

たとえ、今まで情熱的に恋愛感情を向ける相手でなかったとしても、**自分のほうを向いていると思った相手がよそに目を向けるとなると、人は「惜しい」と思う**ものです。

そして、**「相手を失うのが惜しい」→「自分は相手のことが好き」**と再確認するようになります。

○ 友達から恋人に発展させたいときも

友達関係から始まって、相手のことを恋愛感情で好きになってしまった。自分の気持ちを抑えられなくなって、友達から恋人へステップアップしたい——。あなたが友達以上の関係になりたいのであれば、まずはその関係を解消するところから始める必要があります。

ただし間違ってほしくないのですが、ここでいきなり**「あなたのことが好きだから、友達としてつき合えない」などと告白しないこと。**相手も同じ気持ちならばうまくいきますが、そうでない場合は友情も壊れるという最悪の結末を迎えることになってしまいます。

では、どうすればいいのかというと、ここで別の異性の友達に登場してもらうのです。その友達の話題を切り出し、いろいろと相談に乗ってもらっていることを話します（これも架空の話で結構です）。

そうすると相手は「なんでほかの人に相談するわけ？」と嫉妬心を抱き始めます。ただの友達なのに、ほかの異性と仲良くしていると思うと、嫉妬の感情が顔を出してきます。

ただし、ここはバランスよくしてください。**あまりほかの異性の友達の存在を強調しすぎると「だったら、そっちと仲良くなったら？」となりますので、注意が必要**です。

とくに**男性は感情的になると途端に不機嫌になるので、その感覚をとらえたら、いきなりボディータッチを増やすなど、女性からアプローチ**してみましょう。

彼は、自分の中の嫉妬心やボディータッチをされてちょっとうれしいことに気づき、「もしかして、オレはこの子が好きなのか？」と勘違いをし始めます。

Column 10

なぜ男は間違いを認めたがらないのか?

基本、男性は自分の非を認めません。異性、同性にかかわらず、自分の間違いを認めようとはしないものです。その理由は、男性が持つ「優越感」にあります。

女性にももちろん優越感はあるものの、女性の場合、比較の対象は同性に対してですが、男性の場合はすべての人間に対してなのです。男性にとって優越感は重要なのです。

男性の優越感について調べた、ドイツで行われた実験があります。30人の男性被験者に対して、小学生レベルのテストを受けてもらいました。問題の中には、わざと勘違いをさせる文章の言い回しをした引っかけ問題がいくつか出題されていました。すると、**男性被験者たちは、自分が回答を間違えたにもかかわらず、全員が「問題の文章が悪い」と主張し、問題の改善を求めた**のです。誰ひとりとして自分のミスを認めた人はいませんでした。

このように、男性は「自分が間違うはずはない」という思い込みと、「オレはすごいんだ」という優越感を背負って生きています。ですから、女性は彼に間違いがあっても見て見ぬふり。言い訳をしても、女性は広い心で受け入れてほしいのです。ただし、男性が本気で好きになった女性には、自分の間違いを認める瞬間があります。

「オレのほうが間違ってた」

こんなセリフが彼の口から吐き出されたのなら、それはあなたに対してかなり心を開き、「本気」であることの証明です。

22 正しい悩みの打ち明け方で相手との距離を縮める

意中の人がいたら「ちょっと相談がある」と言って悩みを打ち明けることは、相手との距離を縮めるのにいい方法です。

とくに、相談相手が男性だと「実はオレってすごいんだ」という「スーパーマン・シンドローム」がムクムクと湧き起こり、女性の問題を解決しようとがんばります。

悩みを解決していく中で、ふたりの間にある種の「秘密の共有」ができるので、次のステップに進む足がかりとなることでしょう。ただし、その関係を恋愛に発展させたいのなら、**決してマイナスな悩みを打ち明けない**こと。

「人間関係で悩んでいて、会社を辞めようと思うんだ……」

こんなヘビーな悩みを、とくに男性が打ち明けようものなら、それを聞いた女性は「男なんだからもっとしっかりしてよ」と思ってしまうでしょう。逆に退かれてしまうので、持ち出すならライトな悩みがベターです。

ライトで肯定的な悩みとは、たとえばこんなことです。

「社内選考中なんだけどアメリカに留学できそうなんだ。どう思う？」

「英語の勉強を始めたいんだけど、何から手をつけていいのか。いい教材を教えて」

「プレゼン会議に通れば私の企画が商品化されるんだけど、この企画書どう思う？」

○男性の思いを話してもらう「自己開示」

すでにお伝えしたように、「スーパーマン・シンドローム」を刺激する点からも、女性から男性に悩みを打ち明けるというのはとくにオススメです。

もうひとつオススメの理由としては、女性が**「自己開示」**をすることで、男性は胸の内、つまり考えていることや思っていることを吐き出しやすくなるからです。

というのも、男性は基本的に自分の力で問題解決を図ろうとする生き物です。彼女や妻などにも相談することなく、自分の頭で考え、悶々としながらなんとか解決しようとしているのです。そうして頭の中でハッキリと整理がつくと、ようやく話し出します。

自己開示とは読んで字のごとく「自分自身を開いて示す」もので、自分の本心や本音を偽ることなく、そのまま相手に知らせるということです。この自己開示を女性側が先に行えば、男性も自己開示をしやすくなります。

たとえば、女性のみなさんは、こんな経験をしたことはありませんか？　女友達から恋愛の相談を受けて、彼女が過去の恋愛ですごく傷ついたことを告白したとしましょう。それを聞いたあなたはきっと「大変だったね。私にも経験があるわ。私なんかそのとき……」と頼まれもしないのに、誰にも教えたことのない自分自身の話を始めるのではないでしょうか。これも自己開示です。

自分から秘密を公開することで、相手からも秘密が引き出されやすくなるのです。

これは、相手が男性であっても同じです。女性のあなたが秘密を打ち明けることで、男性側も秘密を打ち明けやすくなります。自己開示と秘密の共有を数回繰り返すだけで、自然とその後も、相手は自分のことを遠慮せずに話してくれるようになります。

ここで重要なポイントは、あなたの話す秘密は真実である必要はないということ。相手にとって、秘密の内容への関心はまったくありません。あるのは**「自分に向けて秘密を話してくれた」という姿勢**です。ですので、話す内容が真実である必要はありません。

では、どういう話のネタが望ましいかというと、人間関係に関するものです。とくに相手の同情心をあおるようなものがいいでしょう。

「先輩にキツく当たられていて、仕事がやりづらいんです」

「みんなから嫌われている上司がいて、私もたまに嫌がらせを受けていて……」

こんな類の話です。これらの話も真実である必要はありません。

とくに秘密を打ち明ける側が女性の場合は、男性が守ってあげたいと考えるものにしたほうが効果的です。

23 相手を味方につける「プライミング効果」

子どもの頃に、こんな言葉遊びをしたことはありませんか？

相手に「ヒザ」を10回言ってもらって、そのあと、自分のひじを指して「コレは何？」、「膝」と答えてしまうアレです。きっとあなたも引っかけたり、引っかかったりしたことがあるのではないでしょうか。

こうした言葉の引っかけを思考の誘導、心理学では**「プライミング」**といいます。

プライミングとは「誘発を引き起こすもの」という意味で、直前の情報によって、そのあとの思考が自動的に引き起こされてしまうというものです。

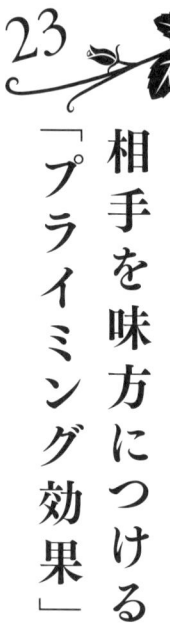

つまり、相手を自分の望む方向に誘導したいのであれば、その進むべき方向の道筋を用意すればいいのです。

たとえば、男性に性的なイメージを抱かせたい場合、バナナ、バット、赤貝などのキーワードをちりばめれば、自然とセックスをイメージさせます。

「あそこの猿、デッカいバナナを、皮ごとパクッと口の中に入れて……」

「あの築地の入り口の近くにある寿司屋の赤貝、ぬるぬるして口当たりが……」

「あのバットを力強く握ってる姿、惚れ惚れするなぁ……」

一見、冗談のように聞こえるかもしれませんが、こちらが意図的に発言していると思わせない話し方、つまり**「普通」に話せば、間違いなく相手の無意識に訴える**ことが可能です。

あなたの話の内容にこれらのキーワードを散りばめれば、自然とプライミング効果が発揮され、相手の頭の中を誘導したい方向へ導くことができるでしょう。

ポイントは直接的に伝えるのではなく、会話であれば関連するキーワードを間接的に入れ込んでいくということです。

ほかにも、**しぐさで見せるプライミング**があります。グラスの中の氷をわざと指でかき回したり、ストローをわざと舐めたり、ワイングラスの脚の部分をこすったりするしぐさなどもプライミングとなります。

◯デートに誘ってほしいなら「サブリミナル効果」

プライミングと同様に、本人に自覚させないで、特定の行動を起こしたくなるように本人の潜在意識に刷り込む方法があります。みなさんがきっとどこかで聞いたことのある**「サブリミナル効果」**です。

これについては諸説ありますが、アメリカで1950年代、映画館のコマーシャルに目では知覚できないくらいのフィルムのコマ数で、コーラとポップコーンの映像を流したところ、この両方の売り上げが上がったことに由来するといわれています。目では知覚できなくても、効果は高いことから、世界中でサブリミナル効果をもたらすコマーシャルは全面的に禁止になりました。日本でもテレビの放送基準で規制がかけられています。

たとえば女性のあなたが、彼とディズニーランドに行きたいものの、自分からは言い出しにくいとしましょう。

彼と一緒にいるとき、ディズニーのキャラクターを見つけたら、あなたはこんなふうに同意を求めてみましょう。

「あのキャラクター大好きなの、かわいくない?」

テレビでディズニー関連の情報を流していたら、こんなふうに興奮気味に伝えましょう。**「わぁ、今こんなアトラクションがあるんだって、おもしろそう！」**

すると彼の中では徐々にあなたのディズニー好きが定着して、あなたに好意を持っているのなら、「今度、ディズニーランドでも遊びに行く？」と言ってくれるようになります。

これはサブリミナルのなせるワザで、ことあるごとにディズニーの話を持ち出すことによって、相手の脳裏に勝手にイメージができあがるのです。

直接的には言いにくいことでも、このサブリミナル効果を使えば、思い通りにあなたの行きたい場所に誘導することができます。試してみる価値は十分にあります。

◯男性を興奮させる赤のサブリミナル効果

さらに、なかなか誘ってこない男性を誘導するには、**赤いブレスレット**が効果的です。ご存じのように、赤という色は、男性を興奮させる作用があり、女性はあまり知らないかもしれませんが、わざと赤いランプをつけ、部屋全体を赤色にする風俗店があるくらいです。

赤色には交感神経の働きを活性化し、エネルギッシュにさせる効果があるのです。

イギリスで行われた実験によると、スポーツにおいて赤いユニフォームを着たチームの勝利数はほかの色のユニフォームを着たチームよりも多く、また、赤いユニフォームを着た選手に対するジャッジは、ほかの色を着用した選手よりも有利に働くことがわかっています。

さて、赤色のブレスレットを着けてほしい理由は、**手首はたびたび目にする部分であり、そのさりげなさがある種のサブリミナル効果を発揮する**からです。

これが赤い服だったりするとそれ自体が目立ちます。赤色の効果を知っている男性なら、逆にそのイケイケぶりに退いてしまう可能性もあります。ぜひ、さりげないアピールにとどめておくことをオススメします。

Chapter 3

メンタリズムで相手をもっと惹きつける

24 「プライミング効果」で相手を自分好みに誘導する

2章で「プライミング」（86ページ）の効果について説明しました。プライミングとは「誘発を引き起こすもの」という意味です。相手を自分の望む方向に誘導したいのであれば、その進むべき方向の道筋を用意すればいいというお話をしました。

ここでは、言葉の「レッテル貼り」によるプライミング効果について説明しましょう。「レッテルを貼る」というと、特定の人や集団に対して、評価をするという意味で使われます。「不良のレッテル」「不名誉なレッテル」など、どちらかというと悪い意味で使われることのほうが多いでしょう。

が、あえて**肯定的な意味でのレッテルを相手に貼ってみる**のです。

やり方としては、相手にもっとこうなってほしいという願望があれば、それを「あなたは○○な人だから」と表現するのです。

「あなたは誠実な人だから」（もっと誠実になってほしい）

「あなたは優しい人だから」（口の悪い人にもっと優しくなってほしい）
「あなたは頼りになる人だから」（もっと頼りがいを身につけてほしい）
「あなたは大胆な人だから」（堅実すぎる人にもっと大胆になってほしい）

ポイントは実際の相手がどうあれ、あなたが「そうであってほしい」というレッテルを言葉にしてしまうこと。仮に、実際には誠実でなくても、そう言い切ってしまうのです。

もしも浮気性な男性がいて、彼女から常日頃、「あなたは誠実な人だから」と言われ続けていたら……。

「オレ、誠実じゃないんだけどな」

そう思いながらも、彼は彼女のことを裏切ることなどできなくなるでしょう。

間違っても「オレ、誠実じゃないし、いい加減なことを言うなよ」なんて逆ギレされることはありません。彼のことを「あなたは誠実だから」と言っている彼女の目には、そう映っているというスタンスでいいのです。

私たちがなにげなくとっている行動は自分の意思で選んでいると思いがちですが、そうではなく**他人が発した言葉に影響を受けているケースが非常に多い**のです。

25 ケンカしてお互いに謝りたくないとき「罪悪感の刷り込み」を使おう

「ケンカするほど仲が良い」という言葉がありますが、なるべくならケンカは避けてください。**ケンカは数を重ねれば重ねるほど「別れ」というゴールに近づく**ことになるというのは調査でわかっています。男女のケンカは「百害あって一利なし」だと意識しておいてください。

ケンカをするのは、まず自分のエゴ、または双方のすれ違いからくるケースがほとんどです。

ここでは、あるカップルの待ち合わせ時のエピソードを紹介しましょう。男性が遅れて現れたものの、軽く「ごめんごめん」と言うばかりで、ヘラヘラと笑っていたとしましょう。

「私が先に来て、30分も待っているのに、よくそんなヘラヘラしてやって来れるね。普通は必死に謝るでしょ！　私、もう帰る」

女性は鬼の形相で帰っていきました。でも、男性はすでにメールで遅れることを謝罪していて、女性はそれを確認していませんでした。しっかり話し合えばいいのに、自分の感情のままに状況を判断すると、つまらない結果になってしまいがちです。

では、頭では「ケンカは良くない」とわかっていてもケンカしてしまう人のためにアドバイスをしましょう。

それは、**内にある「怒りやイライラ」に対して、心の中で強く「ストップ!」と叫ぶこと**。この方法は、意外と効果が高いのです。心と体が刺激されてイライラした気持ちが中断し、落ち着きます。これは「ストップ!」という心の声によって、一瞬、自分の心の内に視点を移しているのです。いわば、内観療法(自己の内部を観察する精神療法)の「一瞬バージョン」です。

あと、**近くに鏡があればすぐに自分の顔を見て**みてください。「なんてひどい顔なんだ」と、われに返ることでしょう。

○お互いに譲りたくないときのケンカの収め方

それでも、つまらないことでケンカや言い争いをしてしまったときには、**「罪悪感の刷**

り込み」という心理術を行いましょう。

たとえばこんな感じで使います。デート中にささいなことで口ゲンカが始まったとき。お互いに自分から謝るのはどうも納得がいかないとしましょう。

そんなとき、あなたがとるべき行動はひとつだけです。それは、**無言でしおらしく、反省している態度をとる**ことです。

普通なら「口ゲンカが激化するぞ」と身構えていた相手も、なぜか戦闘力ゼロの「シュン……」とした姿を見たら、かなりの罪悪感を抱き始めます。

「あれ、オレ（私）って、そんなに責めてたのかな……なんかかわいそうなことをしたな」と感じ始め、あなたに謝ってくるでしょう。

とくに男性は「女性を守らないといけない」という意識があるので、シュンとする彼女の姿を見たら、9割方の男性は罪悪感を抱くものです。男性とは、プライドの高い生き物なので自分から折れたり素直に謝ったりできない人がほとんどです。男性に対し、「納得いかないけど、私から折れておこう」と、歩み寄っていた女性はぜひお試しください。

いいえ、女性のみならず男性も、ケンカして丸く収めたいときには、シュンとした演技をしてみるといいでしょう。

Column 11

女性が彼との婚期を逃すワケ

つき合いだして年月が経てば、そろそろ結婚したいと思うのは女性の一般的な考えだと思います。でも、待てと暮らせど彼からプロポーズの言葉がないというとき……。それには**男女の気持ちの「温度差」が関係**しています。

まず男性が彼女と交際を始めたとき、実にいろいろな妄想が始まります。相手の女性と一緒に暮らす姿、彼女が料理を作っている後ろ姿、一緒に食卓を囲んでいる姿、結婚して幸せに毎日を過ごしている姿、夜の営みなど、顔をニヤつかせながらもろもろ想像しています。男性が「将来」を想像しているのに対し、女性はまずは「今」という瞬間を楽しむことに夢中です。

しかし、時間の経過とともに、男性にとって徐々に最初のボルテージが下がっていき、結婚しなくても一緒にいるだけで満足するようになってしまいがちです。逆に女性は、今という瞬間より、未来もこの人と一緒にいたいと意識しだします。結婚したいという考えが芽生え、今度は女性のほうのボルテージが上がるのです。こうなると、男女の「温度」が逆転します。男性はもう当初のように結婚を意識しなくなり、女性は結婚をしたくて仕方なくなるのです。

これこそ女性が婚期を逃す決定的な理由です。ベストは、**つき合い始めの数ヵ月で、「この人が好き」と感じたら、迷わず結婚を匂わせる**ことです。「鉄は熱いうちに打て」は、ボルテージが上がっている状態の男性にも当てはまります。

26 男性が嘘をついたときに現れるわかりやすいしぐさ

男は実に嘘をつくのが下手です。女性が男性の嘘を見抜けるのは、男性側の嘘があまりにもわかりやすいからです。

しかし、男性が嘘をつくときには、さまざまなパターンがあります。男性の嘘は心理術から解説すると**「防衛機制」**というものに当たります。

防衛機制とは、精神分析学者のフロイトが最初に提唱した言葉で、自分の欲求不満や欲望から無意識に自分を守る手段だと説明しています。つまり、**不安や不快感を引き起こす思考や感情を抑え、自我の安定を保つために働く無意識の思考と行動のパターン**なのです。

嘘をつくときには、「否認」「合理化」「投影」「抑圧」「置き換え」「退行」などさまざまな行動パターンがありますが、ここでは女性に対する嘘のパターンである否認について重点的に説明します。

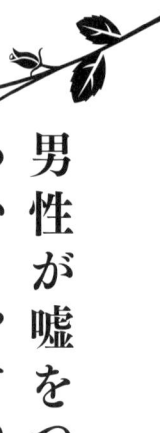

否認とは自分のことを正当化し、その正当性を維持するために相手に嘘をつくことです。つまり、男性にとって女性に嘘をつくというのは、自分自身の立場を保持するためにすることがほとんどなのです。

たとえば、男性がパチンコに行き、交際相手の女性がパチンコをする人が嫌いだとわかった場合、「オレもパチンコをする人が嫌いなんだ」と嘘をついたりします。いずれバレてしまうような嘘でも、自分の立場、そして相手との関係を壊したくないために、悪気なくついてしまうのが、否認の嘘です。

女性にしてみたら、「そんなの正直に言ってくれたらいいのに」と思うでしょうが、それができないのです。だからこそ、女性は男性が嘘をついているとわかっても、すぐに問い詰めたりはせずに、しばらく様子を見てあげてください。

すぐに問い詰めると男性のメンツが丸つぶれになり、あなたのもとから離れたいと考え始める可能性も……。知っていても知らないふり。これも、ひとつの愛情なのかもしれません。

○女性に多い嘘のパターンは「置き換え」

一方、**女性の嘘で一番多いパターンは「置き換え」**です。

たとえばコンパなどで、女性は必ず「興味はなかったけど、人数合わせで頼まれて参加した」などと説明します。これは、自分が行動した理由を「友達を助けるため」と置き換えているのです。私はこれまで女性たち数十人に「コンパに行ったことがありますか？」と質問しましたが、誰ひとりとして、「はい。自分の意思で行ったことがあります」と答えた人はいませんでした。

なお、男性は女性と違いノンバーバル（非言語）のコミュニケーション（表情や顔色、しぐさなど）で情報を受け取ることが苦手なため、ちょっと考えればわかるような女性の嘘でも、気がつくことは少ないでしょう。

Column 12

セックスがしたいときの異性の動作

女性のみなさんにお願いがあります。

デートのとき、彼にこれから紹介する動作が現れて、女性のほうもOKという場合、「今日はいいよ」と匂わせてほしいのです。

一緒にデートに行き多少のお酒でも入れば、男性は彼女を早く抱きたいと思っているはずです。にもかかわらず、誘いたくても言い出せないまま……という男性は少なくありません。

女性のみなさんには、そんな男性の兆候を読み取って、YesかNoのリアクションとってあげてほしいのです。

男性がセックスを欲しているときには、次のようなしぐさや行動が現れます。「鼻の穴が膨らむ」「目線が合わなくなる」「やたらとストレッチをする」「お酒をすすめる」などです。

鼻の穴が膨らむのは、興奮している状態で、それを懸命に隠そうとしているときに現れる体の変化です。そして、**目線が合わなくなる**のは、あなたの体を想像して、恥ずかしいという気持ちの現れです。それを見透かされるのを避けるために、目線を避けているのです。一方、**ストレッチをする**のは、局部に集中している血流をなんとか全身に回したいときにする行動です。**お酒をすすめる**のは、相手の女性の理性を早く失わせたいがための行動です。

彼にこんな動きがあって、「今日は応じてもいい」と考えているのなら、彼に頭をすり寄せ、少し酔ったふりをすれば、彼は次のアクションを起こすでしょう。

27

相手の嘘を見抜くには、目の動きに注目

実に「目」ほど、嘘を見抜くのに役立つものはありません。警察機関や諜報機関も、相手の嘘を見破りたいなら、「まずは目を見ろ」というのは不文律です。

交際が続くと、やがてマンネリ化して、ときにはほかの異性に目移りしてしまったりすることもあるでしょう。現在、日本で男女の浮気、または不倫の割合は50％を超えていて、過去も含め、実に2人に1人の男女は浮気、または不倫の経験があるというデータが出ています。あなたの大切な人にも、浮気の可能性がないとは言い切れません。

仮に、相手にやたらと飲み会や残業が増え、しかもあなたに対してあまり連絡もなくなってきたとき、悲しいかな、浮気を疑ってしまうことでしょう。そして昨日の晩などはどうやら朝帰りをした様子……となったら、あなたは相手に「唐突、かつストレート」にこう聞きましょう。

「ねぇ、昨日仕事が終わってから、どこに行ってたの？」と。

このとき、相手の「目」の動きを観察してみてください。

「昨日は、会社の人たちと夕飯を食べに行ってさ。そのあと一杯飲んでいこうかって話になって、店を替えて飲んでたら終電を逃しちゃって……しょうがないからもう一軒ハシゴして、そのあとは……」

そんなふうに相手が昨日のことを思い出しながら話しているときに、「目線が右上」ならばその話は嘘の可能性が高いです。なぜなら、**目線の右上は想像の領域であり、そこに目線を向けながら話す内容は一生懸命に想像しながら話している**ことだからです。

しかし、それはあくまでも嘘の可能性であって、実はまれに人によって、右上を向くことが幼少期からのクセである場合もあります。目線だけで判断するのは危険なので、ここでもうひとつダメ押しで確認してみましょう。相手が話したタイムスケジュールをしっかり覚えておきながら、その内容をもう一度、逆から言ってもらうのです。

「最後に入ったお店はなんてところ？　その前はどこで飲んでたの？」

試してもらえばわかりますが、**自分の想像で話を作り上げ、その時系列を逆から追って話すことはまず不可能**です。しかも結構追い詰められた状態ですので、嘘ならばしどろもどろになるはずです。

28 本音を探りたいときには、第2の性的器官のココに注目

「相手は自分のことを好きなのか？」

「果たして、彼は私と結婚をしたいのだろうか？」

つき合い始めたあとも、相手の本心がわからなくてヤキモキする場面はあるもの。そんなときに、簡単に相手の本音がわかる方法を伝授しましょう。

たとえば、あなたが女性の場合、「ねえ、私とこれからどうしていきたいって考えてる？」と結婚を匂わせる発言をしたとします。そのとき、すかさず彼の「唇」を観察してみてください。

唇というのは非常に弱い部分であり、感覚的にも非常に弱い上に敏感です。快感をつかさどる第2の性的器官とも呼ばれています。

もし、あなたの質問に対して、彼が**「唇をきつく結ぶ」**というしぐさを見せた場合には注意が必要です。

なぜなら、**ストレスや不安が大きくなったり、不安や脅威を感じ始めたりすると、本能的に弱い部分である唇を守ろうとする**からです。唇は口の中に食べ物を入れるところですので、そこを固く閉ざすということは、危険なものを取り入れないようにしているサインなのです。この唇を結ぶしぐさはストレス、または不安を抱いているときにするものなので、自分の本音を隠そうとしていることは明白です。

唇をきつく結んだあとに「もちろん、君とはずっとつき合いたいよ」と言ったとしたら、それは本心ではなく無理して言っていると見ていいでしょう。ほかにも、「元カノとは会っているの？」といった質問を投げかけて、唇をきつく結んだら、心にやましいこと（実は会っているとか）があると見ていいでしょう。

相手の本音を知りたいのなら、レストランで食事でもしながら機会を見て、本音を探る質問を投げかけてみてください。「目は口ほどにものを言う」という格言がありますが、心理術の世界では**「目も口も、ものを言う」**のです。

29 「サーモスタット効果」で彼との破局を回避する

アメリカで行われた40組のカップルを対象にした親密度実験によると、マジックミラー越しに**女性がほかの男性と楽しく話している姿**を彼氏に見せたとき、彼氏の体温と脈の速さが通常時の1・7倍に上昇したことが確認されました。また違う実験では**女性が彼氏の体に密着し、60分間、彼のことを根掘り葉掘り聞く**ことを繰り返すと、彼氏の体温と脈の速さが通常時の1・6倍に上昇したのです。この場合、体温や脈拍が上がった原因は、心理ストレスを受けたせいだと考えられます。

この**2つの実験を行ったあと、カップル同士の体の密着度や距離、会話の量を通常のカップルと比べると、親密度が実に約4割下がった**という結果が出ています。

このように、男性は彼女から相手にされなくても、また、かまわれすぎても、ストレスを感じ、嫌気がさしてしまうものです。ですから、女性はバランスをとって接する必要があります。このバランスを意識することを心理術では**「サーモスタット効果」**といいます。

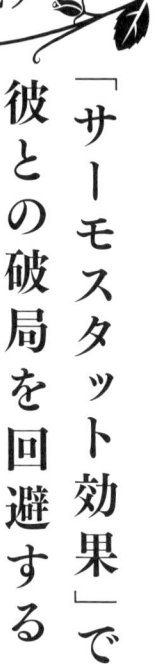

サーモスタットとは温度の自動調節装置のことで、水槽の中の温度を常に一定にすると、魚が生き長らえることに由来しています。男性に対しては冷たすぎても、気持ちが熱すぎてもダメなのです。

とはいえ、女性のみなさんは、大好きな彼への対応なので冷たいことよりも、熱がこもりすぎていないかを意識してください。好きだからいつもそばにいてほしい、なんでもやってあげたいと思っていませんか？

そんな女性は、彼にとって「手に入った」存在です。男性は手に入った女性にはありがたみを感じませんし、その存在すら日頃は忘れてしまいます。まるで当たり前にある空気のように。男性が追いたくなるのは「手に入りそうで入らない」絶妙な距離にいる女性です。彼のことをかまいすぎてきた女性は、男友達に連絡して、彼に少しヤキモチを妬かせてもいいでしょう。

女性が男性への束縛を続けていけばいくほど、また、嫉妬深く彼の動向を気にすればするほど、彼との関係は破局を迎える可能性が高まります。ほぼ9割の男性が浮気、または別れを切り出すようになります。

○女性の場合は物理的距離が大事

また、男性が女性とのつき合いを継続させたい場合も、サーモスタット効果は同じように働きます。

女性の場合はとくに**「近接の要因」**という心理が働きます。これは**物理的距離が近いほど心理的距離も近くなる**というもの。つまり、彼女との仲を長続きさせたいのであれば、できるだけそばにいてあげることです。

芸能人の場合、離婚会見では「価値観が違う」という離婚理由を説明することが多いように思います。しかし、価値観が違うというのはあくまでも言い訳であり、本当は生活のすれ違いから、女性のそばに彼がいないことで寂しかったり、女性自身の存在意義がわからなくなったりすることが主な原因でしょう。

男性は仕事があり忙しいのはわかりますが、仕事が終わったら、さっさと彼女のもとに駆けつけて、一緒に過ごすことが一番です。

なお、一緒に過ごせないときには、電話やメールでも、彼女に寄り添う効果はあるものの、ベストは物理的距離を近づけることです。このことは心に留めておいてください。

Column 13

別れたのにしつこい人への対処法

相手に好かれたいはずなのに、いじわるをしたりちょっかいを出したり……。人はなぜそんなことをしてしまうのでしょう？

それは、好きな人にどんな形でもいいからかまってほしいからです。本当は、「好きになってもらう」というプラスの反応が欲しいけれど、それが叶わないなら「嫌がられる」というマイナスの反応でもいいのです。しかし、その感情が行き過ぎると、ストーカーになってしまいます。

では、誰かにストーキング行為をされたとしたら、そのときには、第三者に介入してもらうのがベストです。第三者をはさみ、相手を説得することを**「インターバル効果」**と呼びます。当事者では絶対に解決しない場合、または事態が膠着した場合、この手法は**多くの交渉人が使うテクニック**です。

たとえば、立てこもりの事件が発生し、事態がまったく動かない場合、警察は犯人の母親や家族を呼びつけ、説得に参加させます、まさにこれが「インターバル効果」です。

ストーカー被害に遭っている場合は、第三者である友達、とくに、**男性と女性の友達に２人１組で、説得に当たって**もらいます。男性のみのほうが頼もしいと思うかもしれませんが、ストーカーは新しい彼氏だと勘違いしがちなので、逆に危険です。そして、「二度と接触を持たないこと」「相手がもう二度と会いたくないこと」「もう一切好きな感情がないこと」をハッキリと伝えます。軽度なストーキング行為ならこれで収まるはずです。

30 この動作が増えたら危険信号、別れの準備をしているのかも

別れる原因は人によってさまざまと思うかもしれませんが、実は、**別れの原因はひとつに集約**されます（ＤＶなどの事件性のあるケースは別として）。それはお互いの**「視点を保つ努力の欠如」**です。

この場合の**「視点」とは、相手の良いところを見つけること**です。別れる原因は、この良いところを見る視点が、悪いところを見る視点に変わったというだけの話なのです。

たとえば、最初は「彼の優しさがいい」と思っていたのに、慣れてくるとその優しさが逆に「イヤになった」というケースもあります。その優しさが自分だけに向けたものではなかった、彼が優しいのは優柔不断だから相手に委ねているだけ……などと、違う視点が出てくるからです。

そうなると、彼への印象は１８０度変わってしまいます。男性の彼女に対する優しさは変わっていないにもかかわらず、彼女の視点だけが変わったのです。

仲の良かったカップルでも、このようにどちらかが視点を変えると違和感が生まれ、それが回り回ってお互いの視点のズレを生み、ケンカが始まるケースは少なくありません。

「彼って、もっと優しかったのに……」

「彼女は、もっとボクのことを尊重してくれてたのに、最近はちょっととげとげしいな」

こんなふうにすれ違いが始まり、ふとしたきっかけで言い争いに発展しかねません。

もし、あなたの言動に対して、パートナーが**「ジッと見ながら、何も口を出さない」という状況が続くなら、相手の心の内には含むところがある**のです。確実に視点が変わり始めている証拠なので、気をつけてください。

では、解決方法はないのかというと、ちゃんとあります。「何か言いたそうだけど言わないぞ」という雰囲気を感じたら、必ず「何か気になることがあるの？」と聞いてみてください。さらには、「私はこう思ったけど、あなたはどう思う？」と自分が気になることも開示しましょう。

別れの芽は、基本的には早い段階の話し合いで摘み取ることができます。手遅れにならないうちに早めに修復しておきましょう。

31 結婚の話を匂わせて、男性がこのポーズをとったら要注意

交際が一段落し、家族や友人たちから、「ふたりはそろそろ結婚するの？」と聞かれるようになったら、とくに女性は相手の胸の内が気になるところでしょう。

でも、女性からストレートに「ねぇ、私との結婚は考えてないの⁉」などと詰問するのはNG。女性からプロポーズするのもなるべく避けたいところです。

ここでは、女性が相手の結婚の意思を探るのに、非常に有効な手段を紹介しましょう。

たとえば、デートでシーサイドのテラスを訪れているとしましょう。そこでは、さりげなく少しだけ結婚を匂わせることを話します。

「ねぇ、あの小さい子、いくつくらいだろう？　あんな家族をつくれたらいいなあ」

「同じ家に住むのって、やっぱり幸せだよね。だって、ずっと一緒にいられるんだよ」

「小さい子」「家族」「同じ家」「ずっと一緒」……これらのキーワードをちりばめれば、

彼の頭の中には「結婚」の2文字がイメージされます。

重要なのはここからです。その言葉を伝えたときの彼の反応を見てほしいのです。

もしも、**体が後ろにのけぞったり、急に腕を組み始めたりする場合は、明らかに拒否反応**を起こしています。体ののけぞりはその場から離れたい、逃げたいという無意識の動きであり、腕を組むのは無意識の守りの態勢なのです。

男性は狩猟時代の遺伝子が残っているため、獲物から攻撃されたときにはいつでも逃げる、または身を守るように、本能的に獲物から離れるか、自分の身を守るかの動作をとります。体ののけぞりや急な腕組みは、まさに本能的なしぐさなのです。

ポイントは急に話し出すこと。彼に心の準備をさせないで、突然たずねることです。

結果、彼が体をのけぞらせたり、腕を組んだりするしぐさを見せたら、彼とはその後、距離を置いてみることをオススメします。2章で紹介した「希少性」の原理（78ページ）を働かせるのです。彼にとってあなたを「思い通りになる存在」から「思い通りにならない存在」へ、手放したら惜しい存在へと演出していくのです。

決して、焦って彼に結婚を迫るような行為をしてはいけません。**ストレートに迫るのではなく、自分が望む方向に仕向ける**のです。「急がば回れ」の作戦が功を奏します。

32 プロポーズしてくれない男性には、こんな論理でさりげなく攻めよ

結婚イコール「幸せいっぱい」とは言い切れないのが、人間の悩ましいところです。

人間は喜ばしいことでも、ストレスになるのです。その代表が「マリッジブルー」です。

ところで、男女のマリッジブルーには違いがあります。

女性はプロポーズをされてから「この人でいいのか……本当にこの人でいいの？」と悶々と悩むのに対し、**男性はプロポーズ前にマリッジブルーになる**傾向が強いのです。

男性は、プロポーズ前に実にいろいろと悩みます。経済的に家族を支えていけるのか、幸せな家庭を築けるのか、彼女の人生に責任を持てるのか、幸せにしていけるのか……これらのことを考えれば考えるほど、精神的な負担が増しブルーな状態になるのです。

とくに生活環境の変化はストレスのトップワンです。今までひとりで自由気ままに生きてきたのに、家族を持ち、その責任が精神的にも経済的にものしかかってくることを考えると、結婚はうれしい反面、大きなストレスになるのです。

交際が進み、お互いが結婚を意識する時期になったにもかかわらず、男性が何かに思い悩んでいるようなら、それはプロポーズ前のマリッジブルーと考えて間違いないです。

そのまま放置しておくのは彼の精神衛生上も良くないので、女性からそっと手を差し伸べてあげましょう。

男性は論理的思考でデータを重視する傾向があります。ですから、**結婚しても大丈夫という根拠**を女性側が示してあげましょう。

たとえば、結婚後にかかる生活費は毎月これくらい、ふたりで暮らせば単身世帯で暮らすよりもこれだけ割安になる、またふたりの収入を合算すればこれくらい、子どもを産むとこんな公的援助があるなど、彼にとって安心するデータを見せることで、結婚をあと押ししてあげるのです。

さらに補足しますと、そんなふうにデータを用意できる女性は、男性にとってかなり頼もしい存在です。なぜなら男性は、女性とは基本、感情的な生き物だと思っているため、しっかり論理的に物事を判断できる女性は非常に重宝するのです。

女性が彼と結婚したいなあと思ったら、データを整理してプレゼンし、自分から仕掛けてみるのもいいかもしれませんね。

33 認められたい男に愛されたい女、男女別、浮気心を抑える方法

浮気は男のするもの……というのは昔の話で、今や6割の女性が浮気、または不倫をしたことがあるというデータが出ています。ただ、やはり男性の浮気は下手でバレてしまう確率が圧倒的に高い一方、女性の浮気は実に巧妙です。

では、なぜ人は浮気をしてしまうのでしょうか？　それには**「承認欲求」**が関係します。とくに男性は「認められたい」という心理が何より優先される生き物だと考えてください。その証拠に「すごい！」「かっこいい！」「デキる！」などと褒めたたえられると、天にも昇る気分になります。感情を隠して「別にうれしくないよ」と平気な素振りを見せる男性もいますが、心の中ではしっかりと喜びを噛みしめて自分に酔いしれているものです。

しかし、**男性が恋人から認められていない場合、彼の「認められたい」という衝動はいったいどこに向かえばいいのでしょうか？**

そんなとき、彼を慕う会社の後輩女性が、彼に対し「○○さんってすごいです。これか

らもいろいろと教えてください」などと言ってきたら……そこで一気に彼の承認欲求は刺激されるわけです。このとき、男性の心の中の天秤は揺れ始めます。「彼女と後輩、どちらが自分を認めてくれる人か」と考え始めるわけです。

よく浮気が発覚したあとに、多くの男性が「あの子と一緒にいるときが、一番心が休まった」「彼女といると居心地がいい」といった弁明をするものです。これは、彼の承認欲求を満たしてあげたことで、心が休まる居心地のいい状態になったためです。

◯男性を「認める」ということの本質

居心地のよさというのは重要です。１０７ページで、女性が男性への束縛を続けていけばいくほど、また、嫉妬深く彼の動向を気にすればするほど、男性が浮気をしたり別れを切り出したりすることを述べましたが、それは男性にとって束縛される状態は居心地が悪く、その状態から抜け出したいからにほかなりません。

そして、居心地のよさを保つには、何も「常に褒めたたえて、おだてなさい」という話ではありません。

もっとシンプルに、その男性のことを「認める」だけでもいいのです。この場合の認めるとは、男性のありのままを受け入れるということ。男性に限らず、**人は自分のことを受け入れてもらっていると感じるときに居心地がいい**ものです。

たとえば、男性が「この焼き鳥屋、汚いけど落ち着くんだよ」と言ったときに、「そうかー、落ち着くんだね」でいいのです。

男性が「オレは、あそこのラーメンが好きなんだ」と言ったら、「そうかー、好きなんだね」でいいのです。

仮に女性が、「でも、私はもっとおしゃれなお店に行きたい！」「私は、あそこのラーメン、こってりしすぎて好きじゃない」と思ったとしても、その意見はいったん置いておいて、彼の言動をそのまま受け入れることがポイントです。

女性のみなさんは、男性とはいくつになっても中身は「少年」だ、ととらえてあげてください。また、極論を言えばほとんどの男性は中学生から成長していないと考えていいので、**男性の精神年齢は大人でも13〜16歳あたり**と考えてください。

中学生の男の子が「ボクはこのゲームが好き」「ボクはあそこのラーメンが好き」と言っていたら、「そうかー、好きなんだね」と答えて、あなたは「でも、私は……」などと意見を差し挟んだりはしないでしょう。

子どもが承認を求めて「ねえねえ」と言ってきたら、「そうなんだね」とただ受け止めること（批判や自分の意見は差し挟まずに）。

女性のみなさんには、男性を「認める」に当たって、そんなイメージを思い浮かべてもらえればわかりやすいのではないでしょうか。

○女性の「承認欲求」は男性とは違うもの

女性も同じく「承認欲求」をかなえるのがベストですが、女性の場合は「認められたい」ではなく、**「愛されたい」**という部分に注目する必要があります。

つき合った当初に彼が示した愛情のある言動がなくなり、「自分が求められていない」と感じたとき、そのタイミングでほかの男性からアプローチをかけられると、浮気に走る可能性がぐんと高まるでしょう。

ですので、男性は「釣った魚にえさはやらない」ではなくて、交際当初の気持ちを忘れず、女性をケアすること、愛情のある言動を意識することが必要です。「初心忘るべからず」という教訓は、恋愛でも思い出してほしいものです。

34 「セフレ」女性が恋人に昇格するための正攻法

世の中には体の関係と割り切ってセフレ（セックスフレンド）の関係になる男女がいます。

セフレに対する男女の認識は違います。

女性は、多少なりとも好みの男性でないと、そういう関係にはなれません。これに反論する女性はいないでしょう。なぜなら、まったく好みではない相手など、誰とでもセックスできるわけではないと実感しているからです。

そして、相手に対する「好み」が入るということは、その関係性に必ず「情」も湧くということです。

さて、ここまでは女性側の話です。

一方の男性はといえば、情なしでもセックスはできます。その証拠にお酒が入って、酔っ払ってしまえば、自分のタイプではない女性でも、そのときだけはかわいく見えたり、きれいに見えたりするものです。

まったく笑えない話ですが、男性がクラブでナンパしてお持ち帰りをしたあと、朝になって女性の顔を見て、「なんでこんな女とやってしまったんだ……」と嘆くケースはたくさんあるはずです。

そして、ここからは女性の方に向けたアドバイスです。

もしも、あなたに「友達以上恋人未満」の彼がいて、交際宣言をしていないけれどもすでにセックスが数回済んでいるのだとしたら……。

あなたが「これはつき合ってる関係よね」と考えても、次のように言葉にしてちゃんと確認しておいたほうがいいです。

「私たちって、つき合っているの？」

○男性が「つき合おう」と言わない理由

男性には非常にずるいところがあり、あなた以外の女性とセックスして「なんで浮気するのよ！」などと非難されても、「えっ、だってオレたち、つき合ってないじゃん！」と言い逃れできるように、あえて「つき合おう」と宣言しない人もいるのです。ほかでも遊べるように、また言質を取られないようにしているのです。

セフレに対する男性の対応は、実にわかりやすいのです。

まずは用のあるとき以外、女性に連絡はしません。用があるときとは、セックスをしたいときと決まっています。

次に、平気で女性にお金を出させます。食事代やホテル代なども割り勘です。中には全額出させるというホストみたいなツワモノも存在します。

もし、男性が出張で遠く離れたところにいても、平気で電話をしてきて「〇〇ちゃん、今から来てよ。待ってるから」などと自分の都合を押し通します。もちろん女性がそこに行くまでの交通費を出してなんかくれません。

このように、**男性の場合、セフレと決め込んだ女性には、残念ながら一切の情はない**のです。

彼との関係で、思い当たるフシがあれば、ちゃんと確認しておいたほうがいいでしょう。「私たちって、つき合っているの?」と。

答えがＮｏの場合には、大事な時間と体を提供するこの上なく損な役回りからはさっさと抜け出しましょう。

Column 14

男性の本気度はこの3つを見よ！

「オレとつき合ってほしい、真剣なんだ」

男性からこんな告白をされたら、女性はうれしい半面、こんなことも思い浮かぶかもしれません。

本当に「真剣」なの？　それとも、口先だけで本当はセックスが目的なの？　そんな迷う気持ちの答えを知るには、男性の言動に着目しましょう。

たとえば、彼にメールを送ったとき。その**返信が早い場合、本気度は高い**です。また、彼のファッションがあなたとは違うテイストだったのに、**あなた好みのテイストに近づいてきた**ときもそうです。男性は本気になった女性には嫌われたくない一心で、ファッションくらい合わせようとします。そして、**あなたのどんなワガママも聞き入れてくれます。**それが多少無理な要求であったとしても、です。

男性は、本気になった女性のことをまるでお姫様のように扱います。なぜ、男性は本気になった女性に対して、こうも寛容になれるのでしょう？

それは、男性の狩猟本能の名残で、本気で狙う獲物を「絶対」に逃したくないという思考回路があるからです。獲物（女性）からの接触があれば、逃すまいとすぐに接触を図り、嫌われそうなところは極力排除し、どんな願いをも体を挺《てい》して叶えようとするのです。

ですから、ここで紹介した３つの言動が彼に現れているかを観察してみれば、彼の本気度は簡単にわかるはずです。

35 無条件に愛を与えることが究極の男女関係

親というのは、わが子が危険にさらされたら、本能的にその子の身を守ろうとするものです。道で子どもが車に轢かれそうになったら迷うことなく車の前に飛び出すでしょうし、川で子どもが溺れていたら飛び込んで助けようとするでしょう。

男女の関係性の中で、このような「無私の愛」の境地にたどり着くのは、かなりの信頼関係がない限り難しいでしょう。

しかし、無条件で相手に与えられるようになれたら、その男女は素晴らしい関係が築けるようになります。

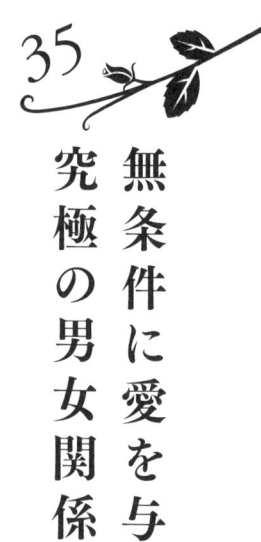

こういうことをお話しすると「なんでも無条件に許したら、相手に利用されるから嫌だ」という人がいますが、ここでいう「無条件」はそれとは意味が違います。

飛行機のパイロットが使う言葉に**「アイハブ・ユーハブ」**というものがあります。飛行機の操縦席には2系統の操縦装置があり、操縦士と副操縦士の2人で同時に、反対の操作をしようとすれば、どちらもうまくいきません。またお互いに相手がやってくれていると思い込んで、どちらも操縦しないのも困ります。ですから、どちらが操縦桿を握っているのかを常に確認し合うのが鉄則です。そのときに掛け合う言葉が「アイハブ？（私が握っていますよ？）」「ユーハブ（あなたが操縦していますね）」なのです。

このように、相手に操縦桿を任せること。つまりは気持ちを預けることが、ここでお伝えしたい「無条件に与える」ということなのです。

また勘違いしてほしくないのですが、これは金銭を渡すとか、相手の言いなりになることでもありません。

実は、この「無条件に与える」ことには、もうひとつメリットがあります。それは**与える側の自尊心が高まる**のです。一見、「相手任せにする」ということは、「自分を持っていない」状態のようですが、それは前述のように、金銭を渡したり相手の言いなりになったりしているときの話です。

愛を与えて自分の好きな相手が喜んでくれたら、与える側の自己肯定感はこの上なく高まるでしょう。**愛を与える場合、主導権は与える側にある**のです。

Column 15

「決める」という暗示の強さ

暗示という力は軽く見られたりしますが、それを自分の中で受け入れ認めた瞬間に、それは強力なトリガーとなって、あなたの心を支配し始めます。ここでは「自己暗示」について解説していきます。

まず、あなたは**自分が「運気をもたらす人」である**と決めてください。たったそれだけで、多くの異性があなたに惹きつけられます。「相手の運気を上げる人」であると決めると、不思議なことにいろいろな現象が目につき始めます。

「彼が財布をなくしたが、お金も何も取られずに戻ってきた」

「仕事がなぜか舞い込むようになってきた」

「営業先で知り合った人に気に入られて、大口契約が取れた」

といった具合です。実は、これらはたまたまタイミングよく起きただけかもしれません。でも自分が運気をもたらす人物だと考えるだけで、すべてが自分のおかげのように感じられます。このように自己イメージが高い人は、男女を問わずに好かれます。

「肉体の変化が人間を変えるわけではない、心のイメージ、つまり想像力によって人間は変化するのだ」

これは、心のコントロール法「サイコ・サイバネティックス」の創始者であるアメリカの整形外科医、マクスウェル・マルツ博士による言葉です。私なりに解釈すると、たとえ美容整形により見た目が変わったとしても、それで幸せになれるとは限りません。イメージ（自己暗示）の力が変化を生むのです。

Chapter 4

相手を
コントロール
するよりも
大切なこと

36 「自己成就予言」で簡単になりたい自分になっていく

「男性とのコミュニケーション術も学んだ。おしゃれも学んだ。でもうまく男性と話せないし、彼ができるなんて遠い夢です」

これはある女性の悩みです。もしかすると女性に限らず、男性読者にも思い当たるフシがあるかもしれません。そう、学んだソフトをうまくインストールするには、あなた自身のハード（マインドや精神力）も変えていく必要があります。でも、人の心の持ちようなんてそう簡単には変わらないと思っていませんか？

いいえ、**簡単にマインドセットするための心理術**があります、それが**「自己成就予言」**です。これは、「こういうふうになっていくかも……」「こんなふうになるはず！」と思い描いていると、実際にそのような現実になるというものです。

たとえば、友人から「あなたって本当に文章がうまいよね」と何度も言われたとしましょう。あなたは「私って文章がうまいと思われているんだ」と受け止めて、「そうならなきゃ」と思うようになります。そのために、文章をうまく書くための本を読んだり、メールを書くときでもおかしな文章を書かないように気を遣ったり、と具体的な行動に移すようになるでしょう。これが自己成就予言のなせるワザです。

3章では「レッテル貼り」を紹介して、意中の相手をあなたの理想や好みに誘導する方法を提案しました。その自分バージョンです。**「私ってこういう人だよね」となりたい自分像のレッテルを自分自身に貼っていく**のです。

心の強い人になりたいのだとしたら、こんなふうに自分に語りかければいいのです。

「私ってメンタルが強いよね」
「私って集中力があるよね」
「私って心が折れないよね」

すると、無意識のうちに集中力や折れない心を身につけることを考えるようになり、自然とメンタルの強い女性の振る舞いをするようになります。周りからは「○○さんって精神的に強いよね」などと言われ、**実際にメンタルの強い人になっていく**……そんなサイクルが回り始めます。

37 運を引き寄せる人の特徴はここで見極めよ

私のもとには、「つき合ってみたら、とんでもない男だった」という相談に見える女性が少なくありません。

全盛のSNSであたかも自分がすごい人物かのように発信する自己ブランディングに長けていて、いざ対面すれば第一印象を良く見せて、言葉も巧みに女性の信用を勝ち取るのがうまい男性が多いのです。

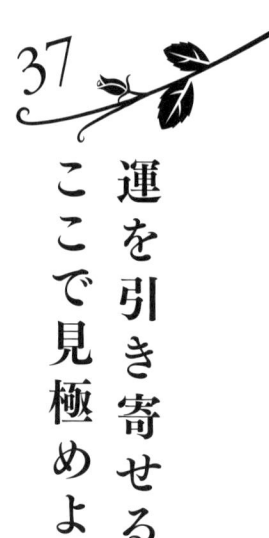

相談に来る女性たちには必ずある特徴があります。話を聞いていくと、そろいもそろって「そんなに悪い人だとは思わなかった。彼の言葉を信じた」と語るのです。

私は人の語る「言葉」をまったく信じていません。いえ、信じていないというより、その**言葉と体の表情、つまりノンバーバル（非言語）コミュニケーションがしっかりマッチしているかどうかを見ます。**

ノンバーバルコミュニケーションとは「非言語情報によるやりとり」のことで、言葉ではなく体から発する情報を読み取ります。この体からの情報と、言葉との間に食い違いが現れるかどうか、それでおおかた相手が何を考えているのかがわかります。

さて、男性は女性を手に入れるためなら平気で嘘をつきます。自分を大きく見せたり、相手が嫌いなことは必死で隠したりするものです。

ここでは、女性の読者向けに、彼がつき合うに値する男性かどうかを見極める方法を紹介します。見るべきポイントは2つ。まずは**決断力**があるかどうか、もうひとつは**信念**があるかどうかです。この2つさえ備えていれば、彼とのつき合いを深めていってもまず問題ないでしょう。

イギリスの心理調査ですが、この2つが備わっている男性の離婚率は1・2％のみで、逆に備わっていない男性の離婚率は38・7％にも上るという結果が出ています。

なお、**決断力の有無については、彼と食事をしたときにチェック**しましょう。注文するものを決めるスピードに注意してみてください。あれこれと悩みながら決めるのか？　それとも、メニューを開いてさっと内容に目を通し、あまり迷わずに注文を決めるのか？

食事の場での決断が早い人は、そのほかの何か決断すべき場での行動も早いものです。

もうひとつは、彼に信念があるかどうかです。たとえば、仕事はただ単に給料をもらうためだけなのか？　それとも何か目的があってその仕事をしているのか？　信念というと難しく感じる人もいますので、ここでは「揺るがない、芯が通っているかどうか」を見ることがポイントです。

つまりは言ったことに行動が伴っているのか、言動がブレブレになっていないかどうか……そう考えてみて「ん？　なんだか前に言っていたことと違う」と思い当たる点があれば要注意です。

では、なぜ決断力と信念の2つが大切なのかというと、実はこの2つが備わっている男性は、**運を引き寄せる人**だからです。運というと、まるでスピリチュアルな話のように感じる人もいるかもしれませんね。

でも現実問題、**決断力と信念が備わっている人物には必ず応援する者、支援する者、そして仕事がついてくるもの**です。これらがついてくるということは、将来、不測の事態が起きても再起の可能性が高いということは理解しやすいでしょう。

○運を引き寄せる女性の特徴

一方、**女性が運を引き寄せるために必要なのは「謙虚さ」と「愛嬌」**です。

男女平等が当たり前の現代でも、とくに日本では女性の謙虚さは好まれます。注意して謙虚に見えるポーズさえとればいいのです。

具体的には、**男性を否定しないことが重要**です。たとえば男性側が自分の意見を言ったときにそれを否定しないこと（117ページの『男性を「認める」ということの本質』を参考にしてみてください）。

もちろんそれが女性の意にそぐわないこともあると思います。そういうときは否定ではなく、肯定しない態度をとればいいのです。男性は自分の意見を話す場合、それが絶対的に正しいと考えています。「うんうん、そうなのね」と肯定しない態度で、ただ受け止めるだけで問題ないです。「謙虚に見える」というのは、すべてを受け止めるだけの器（度量）を持てるかどうかにかかっています。

一方、愛嬌というのは、言葉の通り、場を和ませる雰囲気や憎めない感じ、明るい人柄のことです。愛嬌のある女性には男性も心を開きやすく、そんな女性が困っていたら助けてあげようと考えるので、それが運を引き寄せる要因となります。

38 自分に力をくれる言葉をストックしよう

私は、自分に力をくれる言葉を集めています。そのストックが多ければ多いほど、何らかのアクシデントが起きたとき、わが身を助けてくれると信じているからです。

ぜひ、あなたもそんな言葉を集めることをオススメします。

たとえば、意中の人に告白したいのにその勇気が出ないとしましょう。頭の中に力をくれる言葉がない場合、きっとただ悩んでいるだけでしょう。

でも、こんな言葉をストックして、普段から自分に言い聞かせていたらどうでしょう？

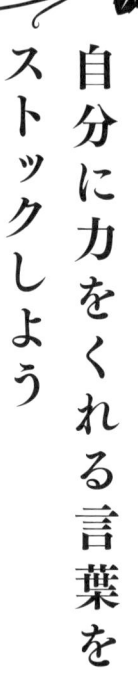

「やることをやったら、あとは当たって砕けろ」

「ダメでもともと、行動を起こさないと次のステップには進めない」

これらの言葉を自分の血肉にしていたら、いざというときに背中を押してくれるはずです。

こうした言葉は先人たちが残してくれた遺産であり、彼らの経験や成功から導き出されたものです。だからこそ、今を生きる私たちの力となるのです。

こうした効果を、カナダの心理学者バンデューラ氏は**「自己効力感」**と名付けました。他人の達成体験や成功体験、または失敗体験を自分のものにすることで、**「私にもできる」と感じる代理経験をする**のです。

私は、キリスト教徒の方が聖書に関してどの聖句が何章何節にあるのかまでを、なぜ覚えていられるのだろうと不思議に思ったことがあります。

が、メンタリズムを学んでいく中で理解しました。キリスト教としての決まりや守るべき言葉があり、これらの聖句を常にストックすることで、自分の身に何か起きたとき、聖書の教えから外れないように判断するためだと。

○私に力をくれる言葉たち

もしもあなたが、何かきっかけがある度に気持ちがブレる、友達の意見を聞くと心境に変化が訪れるということが多いのなら、もっと自分の力となる言葉を増やしてみてはいかがでしょう。

そうすれば、いちいち誰かに相談をしなくても、自分で素早く解決できるようになります。日常の中で心に響いた言葉、いいなと感じた言葉、これらをノートにつけて何度も見直し覚えておくことを強くオススメします。

次に挙げるのは、私に力をくれる言葉たちです。

「人が天から心を授かっているのは、人を愛するためである」ニコラ・ボアロー＝デプレオー（フランスの詩人）

「愛とは相手に変わることを要求せず、相手をありのままに受け入れることだ」ディエゴ・ファッブリ（イタリアの劇作家）

「完全な男を求めるのは身の程知らず。自分に欠点があるように、相手にも欠点がある。傷つくことを恐れず、当たって砕けろ」美輪明宏

「愛とは信頼。人を愛するときは、完全に信じることよ」マリリン・モンロー

Column 16

心の悪いクセはこうして直す

「みんなかわいい子ばっかり、それに比べて私って……」

女性がこのような言葉を発するのは、気持ちが落ち込んでいるときでしょう。仕事でいまくいかないときや、人間関係がうまくいかないとき、つまり自信の喪失につながるような出来事があったときです。でも、自分の自信を回復するために、それを彼氏に言ったところで、女性の自信は回復するかもしれませんが、今度は男性側が自信をなくします。

これは**「ギルティーパス」**といわれるもので、自分の罪悪感を他人に渡すことで自分が楽になろうとする心理状態です。こういった心の悪いクセは直しておく必要があります。

よく「自分や他人のいい点を見ていきましょう」と説く人がいますが、人の価値観によっていい点や悪い点は違ってきますので、お勧めしません。重要なのは物事のとらえ方を変えることです。**自分の悪いところの見方を変えて、ポジティブにアプローチ**するのです。

たとえば、自分の鼻が低いことを気にしている女性がいたとします。でもアプローチを変えると、「私みたいな顔でも『かわいい』と言ってくれる彼はいるし。鼻だけ高くなっても私の雰囲気には合っていないかも」とポジティブに、アバウトに考えることができます。これで、冒頭に挙げたような言葉を吐くことはぐんと減るでしょう。不思議と、こういったネガティブな言葉を使わないだけで、素敵な異性があなたに引き寄せられてくるものです。

39 自分への問いかけを変えれば、もっと愛される人になる

「周りの人はうまくやれているのに、私だけなんでダメなんだろう？」

「私ってみんなにどう思われているのかな？」

「どうしよう。嫌われてたら……」

こんな自問自答をいつも繰り返している人がいます。でも、こんな問いかけはなんの生産性もないので、すぐにやめましょう。

これらはすべて負のイメージを伴っている問いかけです。他人の目、他人の評価を気にして、すべて「他人」からの視点です。そのように自分のことを考えている限り、あなたの問題は何ひとつ解決しないでしょう。

人間は自分と他人を比較して、勝手に劣等感を抱くことがあります。この心理状態になると、勝手に相手をねたんだりします。

先ほどのような問いかけを繰り返していると、いつも相手が優位の立場から自分を見て

いるという意識になり、自分自身に対する評価を下げてしまいます（これは調査により判明していることです）。

では、**肯定的に自分を評価する「自尊感情」を持つ**ためにはどうすればいいでしょう。

それには、**自分への問いかけを変える**必要があります。他人の目線ではなく、自分の目線で問いかけることです。前述と同じ問いであれば、

「同じ失敗を繰り返さないためには、どうしたらいいだろう？」

「自分らしく生きているか？　他人に振り回されてないか？」

「もっと好きになってもらうには？」

このように、次につながる対策を考えプラスに発想を転換すると同時に、他人への責任転嫁も一切やめます。すると自然と自尊感情が湧き起こり、他人から見ても気持ちのいい人になれます。

「他人の目」を意識しないことで、期せずして周りの人からの評価も上がるのです。

愛される人は、まず自分で自分自身を満たせています。逆に言えば自分自身の心が満たされていなければ、いくらパートナーが現れても、幸福感を得ることもお互いに愛情で満たし合うこともできないのだということは、心に留めておいてください。

40

スペック重視の恋は卒業！「完璧な男性」を求めると不幸になる

女性には「白馬の王子さま」願望があります。ハンサムで身長が高く、経済力があって、優しくて、私のことを一番に思ってくれて、私のことしか愛さない――これは多くの女性が理想とする男性像でしょう。

そんな男性とつき合えれば、きっと自分は幸せになれると考えているかもしれません。でも、完璧な男性が本当にこの世にいるのであれば、そしてそんな男性と一緒になったのであれば、その女性は間違いなくこの世で一番不幸になってしまうことでしょう。

なぜなら人間関係には**「相補性の法則」**があります。お互いの足りないところを補い合うことで、良好な関係を築くことができ、パートナーや夫婦として成り立っているからです。

とくに恋愛関係が進み、結婚を考えるようになると、女性は自分に欠けている部分を相手に求めるようになります。**お互いを補い合うことで「存在価値」を高め合う**のです。

でも、完璧な男性が相手であれば補い合うことはできず、女性からすると「自分の足りない部分を相手に埋めてもらう」ため、求めるばかりの関係になってしまいます。

女性の誰しもが憧れる男性と結婚したにもかかわらず、数年のうちに破局になるカップルがいます。もしかしたら、離婚の一因は女性が自分の存在価値を感じ取ることができなかったせいかもしれません。**自分の存在価値を感じ取れないというのは不幸なこと**です。

余談ですが、男性側も女性が理想の男性像を求めていることを知っているので、結婚詐欺を働く人は、「社長という設定で、優しくて、熱烈な愛情を示す男性」を演じることが多いものです。

女性は、男性を見るときにはありのままを見ることです。**完璧さではなく、あなたにないものがあるかどうかを見る**ことが大切です。

この世に完璧な人間なんていません。表の顔もあれば裏の顔もあります。相手の欠点をあなたが補うことができるか、あなたの欠点を補ってくれる能力が相手にありそうかに注意すればまず問題は起きないでしょう。

相手のスペックを重視したくなるのは、相手に自分を満たしてほしいから、自尊感情が低いからかもしれません。思い当たる人は、139ページの「自分への問いかけを変える」ことから始めてみましょう。

41 相手の感情に釣られてケンカしないためには

機嫌が悪そうだから、気をまぎらわせてあげようと声をかけたら、八つ当たりされて、結局ケンカになってしまった……これはカップルによくある話ではないでしょうか。

ここで、イギリスで行われた実験を紹介します。不機嫌な顔をしている人と、常に笑っている人の部屋にそれぞれ被験者に入ってもらい、1時間後に部屋から出てきてその感想を調査したところ、不機嫌な人と一緒にいた被験者は血圧が上昇し、顔色が悪くなったのに対し、笑っている人と一緒にいた被験者は血圧の変化がなく、顔色がとても良かったそうです。

このように、**人は相手の感情に釣られ、自分の感情さえもコントロールされてしまう**ことがわかっています。

でも、自分をしっかり持っている人は、相手の感情にコントロールされることはなく、常に感情の安定が見られるのです。

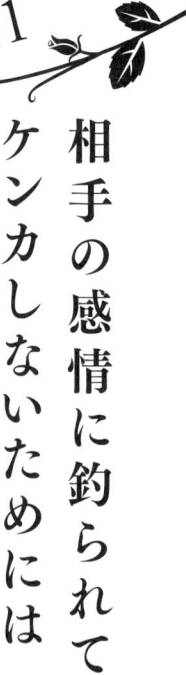

これは心理術用語でいう**「ドッグバーク」**現象です。遠いところにいる犬が吠える（bark）と、ほかの犬もそれに応えるように吠え始めるところから呼ばれています。

しかし考えてみれば、相手の感情に合わせるほど、つまらないことはありません。相手の感情は相手のものであり、自分がそれに応える必要性などまったくないからです。

ではドッグバークにならないためには、どうすればいいのでしょうか。その反対の心理術用語があります、それが**「キャットウォーク」**です。猫のように他者に関心を持たず、あくまでもマイペースで対応するという意味です。

相手が感情的になったら、それはあくまでも向こうの都合であり、こちらは常に冷静でいること。

もしも、**相手の感情に釣られそうになってしまったら、深呼吸を数回して、ゆっくり心の中で30秒数えましょう。**それでもまだ相手の感情に釣られそうなら、さらに深呼吸を繰り返してください。このとき決して、**相手の機嫌をとろうとしない**でください。主体は相手ではなく、あなたです。

このポイントさえ押さえれば、まずドッグバークの状態になることはないでしょう。相手に引きずられたりしないよう、相手の感情と自分の感情は切り離して考えてください。

42 メンタルの強い人は、何もしない時間を持っている

メンタルの強い人には、必ずある習慣があります。それは1日のうちに必ず**「自分の時間を持つ」**ことです。

ではその時間、いったい何をすればいいのでしょうか。

正解は**「何もしない」**こと。正確にはリラックスして、マッサージやストレッチなどで自分の体をいたわりながら、ボーッとすることです。

「えっ、それなら私もしてるわよ」と答える人もいることでしょう、しかし、この「ボーッとする」というのは、本当に何も考えない状態になることです。恋人のことや仕事のこと、人間関係もすべて忘れて、ただただ自分の体をマッサージしながら、自分の内側と向かい合うのです。

日本には座禅や内観（自己観察法の一種）など、自分の内側に向き合うための方法はいろいろあります。読者の方の中には瞑想やヨガをしている人もいることでしょう。しかし、

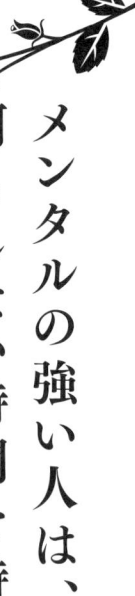

これらにはルールがあったり、場所に制限があったりします。でも、お風呂から上がって、ゆっくりと時間を過ごすだけでもいいのです。

忙しい日常を送りながら「そんな時間などとれるわけがない」という人もいるでしょう。私は、だからこそメンタルの弱い人が増えているように感じます。

自分の時間をとるメリットとしては、ほかにも、集中力がつく、気分が安定する、そして自分に自信が持てるといったことが挙げられます。

毎日1時間、いえ30分でもいいので確保して、これらの効果が上がるのなら、やらない手はないと思いませんか？

ポイントは、香りのいいマッサージクリームでも使いながら、マッサージをすることです。

香りは心理的に自律神経を安定させてくれるので、ゆっくりと香りを楽しみながら、自分の時間を過ごしてみてください。まずは1週間でも、だまされたと思って実行してみてください、その効果に必ず驚くと思います。

もちろん男性にもオススメです。香りの効果は性別に関係ありません。

43 「ヒットアンドアウェイ」で相手の心をとりこにする

相手の男性の言うことをなんでも聞いてしまうという女性がたまにいます。相手が「白」と言えば自分は「黒」だと思っていても「白」と言って合わせるし、その逆もしかりです。男性に従うほうが好きになってもらえるし、優しくしてくれると勘違いしているのかもしれません。でも、**女性が従順であればあるほど、男性は離れていく**のです。

男性とは、手に入らない存在であればあるほど追いかけようとして、情熱に火がつく生き物です。女性がなんでも言うことを聞いてくれるようになると、「完全に自分のもの」であると考え、途端に相手への興味をなくします。

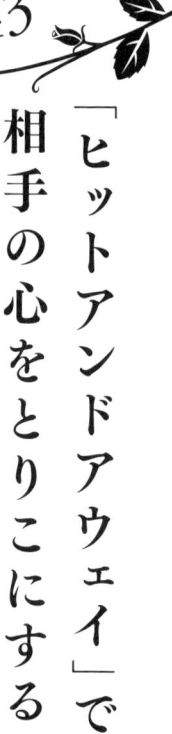

あまりに男性に従わない（ダメ出しや否定ばかりする）のも困りものですが、従順すぎても意中の男性とは幸せになれません。

心理術には、ボクシングでも使われているのと同じ意味の**「ヒットアンドアウェイ」**という言葉があります。ボクシングでは相手の懐に入り、相手を殴って、素早く離れて距離を置くという戦法があります。これと同様に**「相手に従ったと思いきや、今度は相手の言うことを聞かない」**という心理術があるのです。

ヒットアンドアウェイを恋愛に活用すると、こんな使い方があります。

いつも女性に花を贈っている男性がいたとします。彼女に花をあげると喜んでいたので、次も同じように贈ると「たくさんお花があるから、もういいよ」と言われました。すると、彼の中の「花を贈れば喜ぶ」という習慣化した思考が崩れ、またイチから彼女のことを考えるようになるのです。

結果、相手の男性にしてみれば、まるで自分の支配下に入ったかのように安心していたのに、実はそうではなかったと焦り出すわけです。

いつものプレゼント（ヒット）を遠慮する（アウェイ）。

毎日メールをしていた（ヒット）のをやめてみる（アウェイ）。

いつもグイグイかまっていた（ヒット）のに、そっけなくしてみる（アウェイ）。

こんなヒットアンドウェイを繰り返すことで、女性は常に、相手の男性より心理的に有利に立てます。

44 今の自分に満足できれば自然と恋はうまくいく

「お金持ちになりたい人はいますか？」

あるイギリスの大学で行われた授業で、教授がこのようにたずねると、その教室にいた9割の学生が手を挙げたそうです。続いて教授は「お金持ちになったら何が欲しいか、それを全部リストアップしてください」と指示し、学生が書き終わるのを見ると何人かに発表してもらいました。「では、そのリストに書かれたものすべてがかなったら、次に何が欲しいのかを書きなさい」と言うと、学生たちはまた新たなリストを作り始めたのです。

このように、人間の欲は深く、求めても求めてもその先があるのです。

車が手に入れば次は家が欲しいし、それも手に入れば今度はヨットが欲しいし、さらに今度は自家用ジェット……際限がありません。

「欲しいものを追いかけるのが、自分の成長につながる」と説く人もいますが、それは真っ赤な嘘です。物欲に集中してそれを手に入れても、あなたの成長とは一切関係ありません。ただ単に、欲を満たすだけの資金を稼ぎました、というそれだけのことです。私はカナダでも香港でも、多くの大富豪やＶＩＰと出会い、そう感じるようになりました。

欲を満たすことよりも、真の成長は**「今の自分に満足し、今という瞬間を噛みしめ、満足すること」**にあると感じています。

○今に満足すれば、恋愛もうまくいく

「今に満足する」という発想があると、恋愛もうまくいくようになります。

なぜなら、今の自分に満足していれば、相手に自分を満たしてもらう必要がなくなるので、**相手に求めることが少なくなります。**相手の言動をいちいち詮索することもなくなりますし、相手の反応に気分が浮いたり沈んだりすることもなくなるはずです。

するとパートナーとの関係は、穏やかな愛情に満ちたものになるでしょう。

今という瞬間をワクワクしながら生きること。仕事でも私生活でもそうです。

もしも今の仕事におもしろみを感じられないのであれば、稼いだお金を何に使うかを考えてみてはいかがでしょう。ポイントは、自分がワクワクするものに投資してみること。楽しいことをするために働いているのだと思えば、これまでよりも仕事をがんばれるよう

になるでしょう。

ちょっとのことでも意識を変えれば、満足度は変わります。

そのことを心理術では**「ラダー効果」**と呼んでいます。ラダー（はしご）を一段一段踏んでいるか確認しながら、上にのぼっていくという ことに由来しています。

上にのぼっていくことで、見える景色はちょっとずつ変わっていきます。視点を変えて行動の意義や価値をとらえることで、自分の満足度を高めることができます。

みなさん、人としての成長をどうか焦らず、じっくり足元を確認しながら一段一段、歩みを進めていってください。

Column 17

楽しい気持ちは「演技」でもいい!

人間生きていれば落ち込むことはあります。仕事でミスしたり、恋愛や人間関係でうまくいかなかったり、そのたびに「はぁ～」とため息をついてしまいがち。でもここでハッキリ言っておきますね、落ち込んだら、あなたの「運気」は逃げていきます。

さて、ドイツで行われた実験を紹介しましょう。男女の被験者50人に、「落ち込みふさぎ込んでいる」人と「楽しくうれしそう」な人、それぞれの人と1時間、同じ部屋の中で、1対1で会話をしてもらいました。その結果、前者の場合、一緒にいる時間が非常に長く感じたのに対し、後者は時間が過ぎるのがあっという間だったそうです。時間が長く感じたということは、それだけ意識が「自分」に向いていたということです。逆に、**意識が外に向いていれば、まさに「我を忘れて」いる状態で時間は早く過ぎ去ります。**その時間、その空間を楽しんでいる状態で、そんなとき、人は自然と**「笑顔が多くワクワクした表情で周りを明るく」**しています。

そして、ここで1つネタばらしです。実は被験者と一緒にいた人たちは「役者」でした。本当に落ち込んでいたわけでも、楽しいわけでもなかったということです。すべて演技だったのです。

つまり、本当に落ち込んでいたとしても、楽しい演技をすれば、自分自身の精神状態も、相手との時間も楽しいものに変えられます。落ち込んだら、楽しい演技をする。それだけで気分も変わるし、周りを嫌な雰囲気にすることもなくなるでしょう。

45 相手をコントロールしようとエネルギーを注ぐより、自分を磨く

「ルシファー」という名前を聞いたことはあるでしょうか。ルシファーは自分が神のようになりたいがために、神に反乱を起こした堕天使の名前です。キリスト教では、ルシファーは神によりつくられた創造物であるため、地上に落とされて堕天使となったという説話があります。

この堕天使の名にちなんだ心理術用語に**「ルシファー・エフェクト」**というものがあります。これは自分がコントロールできないものに対して、いくら集中してもなんともならないことを意味しています。

恋愛にたとえれば、**あなたがコントロールできる対象は、本来はあなた自身**です。

相手の気持ちをどう動かすかは、もちろんこの本に書かれている誘導術を使えばいいのですが、それはシチュエーション別に活用すればいいだけの話です。

相手のすべてをコントロールしようとするのは、エネルギーのむだ遣いだと心得てくだ

さい。

では、コントロールできないことの一例を挙げましょう。

たとえば、パートナーが浮気をしたとします。浮気をしたのはあくまでも「当人の問題」です。浮気をしたくなる心の状態が相手の中にあったわけで、つき合っているからといって、相手のすべてをコントロールできるわけではありません。

だからこそ、意中の相手との関係を良好にしたいのであれば、自分を磨くことに費やしたほうが賢明なのです。そして、デートなどで相手と会ったときに心理術を活用すればいいのです。

つまり相手に会っていないときに、「彼（彼女）は今、何をしているんだろう」と気にして、むだに時間を過ごす必要はないのです。結局、心配したところで、あなたにはコントロールできないわけですから。

余談ですが、なぜ悪魔（堕天使）の総帥の名前がついているかというと、コントロールできない部分をもなんとか支配しようとする人間はストーカーや犯罪者に多く、その人たちの心の闇の部分にちなんでいるからです。

46

見返りのない愛を与える人には、本物の愛が与えられる

「恋とは見返りを求め、愛とは見返りを求めない」

このセリフを聞いたことはあっても、実践できている人となると、少ないのではないでしょうか。

どんなに好きになった相手でも、もとは他人です。その証拠に、相手が裏切れば別れるきっかけになり得ます。つまり最初から見返りを求めているのです。

男女の間にはいろいろなトラブルが起こり得ます。幸せいっぱいなときもあれば、泣きはらすほど悲しいときも、愛情が憎しみに変わるときもあります。

男女関係の基本は、相手を慈しみ、裏切られても許し、一緒にいる時間を大切にすること。そして愛を与えること。これに尽きると思います。

愛というものは、今までご紹介した、どんな心理術も太刀打ちできないほどの力を持っています。

私は学生から「愛とは何なのでしょう。心理的に解明されていないものなのですか?」と聞かれたことがあります。そう、おそらくどんな科学でも解明できないはずです。

ただひとつわかっているのは、**愛は与えれば、必ず何らかの形であなたのもとに返ってくる**ということです。相手があなたを裏切り、どんなに苦しくても、あなたがあきらめずに愛を与えたとき、必ず相手はあなたの愛に応えてくれるようになります。

でも、**見返りを求めるのではなく、あなたが愛したいからそのようにする**という姿勢が大事です。

私自身が男性だから言えますが、男というのはいつもバカなことをします。大切な人が目の前にいるのに浮気をしたり、自分勝手でわがまま、自由気ままで無責任な生き物なのです。しかし、男性は惜しみなく愛を与えられたとき、ようやく決意します。

命に代えてでも、この人を守ると。

男はそこで初めて本当の「漢《おとこ》」になるのです。

愛はとらえようがなく、本当に不思議なものですが、人間に備わった「最高のコミュニケーション」であり「究極の心理術」だと、私は考えています。

おわりに

「恋愛において、相手を意図的に操ろうとすると、意識が司る理性に働きかけてしまい、相手に察知され、ほとんどの場合うまくいきません」

これは、私が恋愛相談を受けたときに、相談者に対して最初にお伝えする言葉です。人の心を読み、操るメンタリストであり、心理術の専門家でもあることから、私は恋愛の相談を受けることがあります。そのときには、まず冒頭の言葉をお伝えします。

さて、ここまで紹介した数々のテクニックは「無意識」に対して訴える技術です。心理術の神髄を知らないために、自分の感情や考えで相手の意識を変えようとし、その結果、苦しい思いをしてきた人は多いのではないでしょうか。

本書は、そんなふうに恋愛に悩みを持つ方々のためのものです。

さらに重要なことをお伝えしますと、これらのテクニックに最高の効果をもたらすものはほかでもない、相手を**「愛する心」**です。

相手を思いやり、慈しむ気持ち、つまり**「愛する心」がなければ、どんな技術でも、その効果は半減**してしまいます。

冒頭でお話ししたように、恋愛において、相手を意図的に操ろうとすると「意識」が司る理性に働きかけるためにうまくいきません。

心理術で相手の「無意識」を操るためには、「愛する心」が根本にないとうまくいきません。

ぜひ、本書で書かれた「心理術」と「愛する心」で、素晴らしい恋愛と人生を両立していただけると幸いです。

「恋愛は自分本位、愛は他人本位」

これは私が敬愛し、お世話になった美輪明宏氏の言葉です。私も経験上、この「他人本位」になったときこそ、本当の幸せが手に入るのだと実感しています。

あなたがより素晴らしい恋愛と人生を歩むことを、心から願っております。

最後になりますが、今回の出版にあたり、さまざまな方々にご配慮、ご尽力を賜りました。一般社団法人日本マインドリーディング協会理事である岸正龍氏、ライヴ氏、山田稔氏。協会認定講師である古田朋美氏、河村有利氏、下垣直哉氏、大嶋一平氏。直弟子である大久保雅士氏、遠塚慎吾氏、竹内かずひろ氏、中村洋介氏、平尾諒氏、柳知明氏、沖田一希氏、清水慎司氏、北尾俊氏、石田良平氏、河原達氏、秋元たかし氏、山本笑璃氏、中村あい氏、道場俊平氏、ＭＩＺＵ氏の皆様から多くの心理術のフィードバックを寄せていただきました。

出版プロデューサーである岩谷洋昌氏のご縁でこの本を世に出すことができました。書籍の担当をしていただきましたＳＢクリエイティブの中本智子氏にも心より感謝申し上げます。

そして最後に、いつもそばで支えてくれた妻の美奈と生きがいを与えてくれている息子たちにありがとうの言葉を送りたいと思います。

感謝をこめて。

ロミオ・ロドリゲスＪｒ．

著者

ロミオ・ロドリゲス Jr.

◎ 1972年香港生まれ。メンタリスト。

◎幼い頃よりイギリス、カナダ、日本とさまざまな国々で生活し、4カ国語（日本語・英語・北京語・広東語）を操る。相手の心を読み、暗示をかけ、操作するエンターテイメント「メンタルマジック」を日本で確立させた第一人者。日本テレビ、テレビ朝日、関西テレビなど多くの番組出演により話題となる。

◎ 2010年には香港大学（世界大学ランキング27位）専修科でメンタリズムの講師として抜擢。その講義は受講生が教室に殺到するほどの人気。香港では大富豪、芸能人や著名人など多くのVIPクライアントを持つ。

◎現在は「ザ・スーパーメンタリズム・エンターテイメント」を主催し、各地で超心理術エンターテイメントショーを展開。その一方、独自のビジネス心理についての方法論をもとにしたオンラインやオフラインセミナーを開催し、サービスや接客業のビジネス現場でいかに顧客の心を読むかを指導している。

◎著書に『97%の人を上手に操る　ヤバい心理術』（小社）、『他人が必ず、あなたに従う黒すぎる心理術』（PHP研究所）、『気づかれずに主導権をにぎる技術』（サンクチュアリ出版）がある。

2017年3月25日　初版第1刷発行
2017年4月27日　初版第2刷発行

メンタリズムで相手《あいて》の心《こころ》を97%見抜《みぬ》く、操《あやつ》る!
ズルい恋愛心理術《れんあいしんりじゅつ》

著　者　　ロミオ・ロドリゲス Jr.
発行者　　小川 淳
発行所 SBクリエイティブ株式会社
〒106-0032　東京都港区六本木2-4-5
電話　03-5549-1201（営業部）

装　幀　　井上新八
本文デザイン　荒井雅美（トモエキコウ）
企画協力　岩谷洋昌
DTP　アーティザンカンパニー株式会社
印刷・製本　中央精版印刷株式会社

ISBN 978-4-7973-9098-8